WhatsApp für Senioren

WhatsApp einfach nutzen auf Ihrem Android-Smartphone

Impressum

Verlag:
BILDNER Verlag GmbH
Bahnhofstraße 8
94032 Passau

http://www.bildner-verlag.de
info@bildner-verlag.de

Tel.: +49 851-6700
Fax: +49 851-6624

ISBN: 978-3-8328-0277-6

Covergestaltung: Christian Dadlhuber
Autorin: Anja Schmid

Herausgeber: Christian Bildner

Bildnachweis:
Cover: © Syda Productions - Fotolia.com
Kapitelbild: © iconimage - Fotolia.com
Personenaufnahmen: © deagreez - Fotolia.com, © WavebreakMediaMicro - Fotolia.com
Weitere Bilder: © MaskaRad - Fotolia.com

© 2018 BILDNER Verlag GmbH Passau

Dieses Buch ist kein lizenziertes Produkt des Rechteinhabers WhatsApp Inc.
Alle verwendeten Markennamen oder Warenzeichen sind Eigentum der
jeweiligen Rechteinhaber. Die Informationen in diesen Unterlagen werden ohne Rücksicht auf einen eventuellen Patentschutz veröffentlicht. Warennamen werden ohne Gewährleistung der freien Verwendbarkeit benutzt.

Bei der Zusammenstellung von Texten und Abbildungen wurde mit größter Sorgfalt vorgegangen. Trotzdem können Fehler nicht vollständig ausgeschlossen werden. Verlag, Herausgeber und Autoren können für fehlerhafte Angaben und deren Folgen weder eine juristische Verantwortung noch irgendeine Haftung übernehmen. Für Verbesserungsvorschläge und Hinweise auf Fehler sind Verlag und Herausgeber dankbar.

Fast alle Hard- und Softwarebezeichnungen und Markennamen der jeweiligen Firmen, die in diesem Buch erwähnt werden, können auch ohne besondere Kennzeichnung warenzeichen-, marken- oder patentrechtlichem Schutz unterliegen.

Das Werk einschließlich aller Teile ist urheberrechtlich geschützt. Es gelten die Lizenzbestimmungen der BILDNER-Verlag GmbH Passau.

Inhaltsverzeichnis

Wichtiges vorab 6

WhatsApp einrichten 11
1.1 WhatsApp herunterladen und installieren 12
1.2 WhatsApp Oberfläche 17

Nachrichten, Fotos & mehr austauschen 21
2.1 Kontaktliste verwenden 22
2.2 Textnachrichten verschicken 23
Eine Unterhaltung beginnen 23
Nachrichten erhalten 24
Text und Emojis eingeben 26
Die Bildschirmtastatur genauer betrachtet 26
Emojis einfügen 32
Texte nicht schreiben sondern diktieren 35
2.3 Fotos, Videos und Audio versenden 37
Medien versenden 37
Medien erhalten 44
2.4 Adresse oder Telefonnummer versenden 48
Kontaktdaten versenden 48
Kontaktdaten erhalten 49
2.5 Wo bin ich? Standort verschicken 50
Standortinformation versenden 50
Zum übersandten Treffpunkt navigieren 51
Live-Standort teilen 52
2.6 Link zu einer Webseite versenden 53
2.7 Sprach- und Videoanrufe 54

Freunde gemeinsam informieren 59
3.1 Nachrichten in einer Gruppe austauschen 60
Gruppenchat erstellen und erhalten 60
Besonderheiten im Gruppenchat 64
Herrscher der Gruppe - Gruppenadmin 66

Inhaltsverzeichnis

    Betreff und Gruppenbild ändern 68
    Personen hinzufügen bzw. entfernen 69
    Einen Gruppenchat verlassen und die Gruppe löschen 70
3.2 Broadcast: Eine Nachricht an viele senden 72
    Broadcast versenden und empfangen 72
    Broadcast verwalten 74
3.3 Status - Fotos für alle 76
    Wer darf meine Statuseinträge sehen? 76
    Eigenen Status erstellen und bearbeiten 77
    Status von Freunden betrachten 79

Nachrichten verwalten 81

4.1 Information zu Chats und Empfängern 82
    Wann war der Freund zuletzt online? 82
    Wurde meine Nachricht gelesen? 82
    Informationen zu einer Person anzeigen 85
4.2 Gesucht und Gefunden 87
    Nach Text in einem Chat suchen 87
    Chats und Anrufe durchsuchen 88
    Medien eines Chats anzeigen 89
4.3 Schneller Zugriff auf wichtige Chats und Nachrichten 90
    Chat anheften 90
    Chatverknüpfung auf den Startbildschirm 91
    Einzelne Nachrichten mit Stern markieren 92
    Einen Chat als ungelesen markieren 94
4.4 Informationen weitergeben 95
    Medien an WhatsApp-Kontakte weiterleiten 95
    Medien teilen 96
4.5 Nachrichten löschen 97
    Versehentlich versendete Nachricht löschen 97
    Störende Nachrichten oder Medien löschen 98
4.6 WhatsApp aufräumen und Speicherplatz freigeben 99
    Chat archivieren 99
    Chat löschen 100

Chat-Verlauf leeren ....
Speicherintensive Chats bzw ....

- 4.7 **WhatsApp im Browser verwenden** ....
  - WhatsApp mit Browser verbinden 104
  - Bedienung im Browser 105
  - WhatsApp trennen 107

WhatsApp anpassen **109**

- 5.1 **Persönliche Einstellungen** **110**
  - Profilbild und Name festlegen 110
  - Info zur eigenen Person anzeigen 112
  - Lesebestätigung und zuletzt online anzeigen 113
- 5.2 **Benachrichtigungen verwalten** **115**
  - Pop-up-Benachrichtigungen 115
  - Benachrichtigungen individuell vereinbaren 117
  - Chats stumm schalten 119
- 5.3 **Kontakte blockieren** **120**
  - Blockierung einrichten 121
  - Blockierung aufheben 122
- 5.4 **Datenvolumen schonen** **122**
  - Automatische Downloads von Medien verhindern 124
  - Datenroaming 125
- 5.5 **Verschlüsselung** **126**
- 5.6 **Updates installieren** **127**

Datensicherung & Umzug **129**

- 6.1 **Datensicherung erstellen** **130**
  - Google Drive zur Datensicherung einrichten 130
  - Backup erstellen 132
- 6.2 **WhatsApp auf einem neuen Smartphone verwenden** **132**
  - WhatsApp Inhalte via Google Drive übertragen 133
  - Eine neue Telefonnummer verwenden 134

Stichwortverzeichnis **143**

Inhaltsverzeichnis

Wichtiges vorab

WhatsApp ist ein Messenger, also ein Programm, mit dem Sie Nachrichten schnell versenden und anzeigen. Neben WhatsApp gibt es eine Vielzahl anderer Messenger, wie z. B. Facebook Messenger, Skype, Telegram, Viber oder Threema, um nur einige zu nennen. Wichtig zu wissen ist, dass Sender und Empfänger den gleichen Messenger verwenden müssen, um sich austauschen zu können. Mit WhatApp haben Sie sich für den derzeit meist verbreiteten Messenger entschieden.

Über eine Milliarde Menschen nutzen WhatsApp und versenden damit Nachrichten, Fotos oder Videos. WhatsApp ist für Android-Smartphones (wie z. B. Samsung, Huawei, LG, HTC, Sony und viele andere), für iPhones und für Windows Phones erhältlich. Zwischen all diesen Geräten können Nachrichten problemlos über WhatsApp ausgetauscht werden.

Bedienung und Funktionen von WhatsApp sind auf allen Geräten ähnlich. Dennoch bestehen Unterschiede und es ist möglich, dass eine Funktion für Android-Smartphones bereits zur Verfügung steht, während iPhone-Nutzer noch darauf warten müssen und umgekehrt.

Das vorliegende Buch wurde für Android-Smartphones konzipiert. Welches Android-Smartphone Sie verwenden, ist zum Verständnis von untergeordneter Bedeutung, da die aktuelle Version von WhatsApp auf allen Geräten überwiegend gleich aussieht.

Was ist Android?
Android ist das Betriebssystem Ihres Smartphones. Es bildet die Plattform zur Speicherung der Apps und zur Ausführung aller Gerätefunktionen. Hersteller, wie z. B. Samsung, Huawei, LG, HTC, Sony, Wiko, Google etc. verwenden Android für ihre Smartphones.

Wie entstehen Unterschiede im Aussehen von Android?
Einige Hersteller versehen Android mit einem eigenen Design, z. B. Samsung oder Huawei. Da die Marke Android zu Google gehört, verfügen Google-Smartphones, z. B. die Pixel-Reihe, über eine unveränderte Android-Oberfläche. Dieses wird in diesem Buch als Standard-Android bezeichnet.

Neben diesen herstellerspezifischen Veränderungen kommt es auch auf die verwendete Android-Version an. Aktuell wird Android 9, auch als *Pie* bezeichnet, ausgeliefert. Das bedeutet nicht, dass alle Smartphones Android 9 verwenden. Selbst wenn Sie ein neues Gerät gekauft haben, kann dort eine ältere Version von Android installiert sein. Momentan nutzen die meisten Geräte Android 7 *Nougat*.

Die aktuelle Version von WhatsApp kann bis jetzt auf allen Android-Smartphones ab Android-Version 2.3.3 oder höher verwendet werden.

Was bedeuten die Unterschiede für WhatsApp?
Die Oberfläche und Menüführung des aktuellen WhatsApp ist auf allen Android-Geräten gleich. Kleine Unterschiede treten an den Stellen auf, wo Sie WhatsApp verlassen. Das ist beispielsweise der Fall im Aussehen und der Funktionsweise der Bildschirmtastatur. Alle Informationen, die nicht direkt WhatsApp betreffen, z. B. Einstellungen des Smartphones, der Speicherort von Fotos, Videos et., können leicht abweichen.

Aus diesem Grund wurden für das vorliegende Buch verschiedene Smartphones herangezogen, um für die wenigen Fälle, in denen Unterschiede auftreten, mehrere Beispiele aufführen zu können: Verwendet wurde ein Smartphone mit unverändertem Android-Design der Version 8.1 (Oreo) und ein Samsung Gerät mit der Android Version 7 (Nougat).

WhatsApp Updates
WhatsApp erhält kontinuierlich Updates, die den Funktionsumfang der App erweitern bzw. verbessern. Deswegen ist es möglich, dass sich Abweichungen zu den Abbildungen und Erläuterungen in diesem Buch ergeben.

Nutzung von WhatsApp im WLAN und in mobilen Netzen
WLAN steht für Wireless Local Area Network, also ein kabelloses lokales Netzwerk. Für Zuhause haben Sie im Zuge eines Vertragsabschluss mit einem Provider wahrscheinlich einen Router (Internetzugang über die Te-

lefonleitung) oder ein Kabelmodem (Internetzugang über eine TV-Kabelverbindung) erhalten und eingerichtet. Mit diesem Gerät verbinden Sie Ihr Smartphone, aber auch den Computer, Laptop oder das Tablet und erhalten dadurch eine Verbindung zum Internet. Außerhalb eines WLANs verbindet sich das Smartphone über das Mobilfunknetz mit dem Internet (mobile Datenverbindung).

Was bedeutet Datenvolumen?
Als Teil Ihres Vertrags für Ihr Smartphone wird Ihnen ein bestimmtes Datenvolumenn für den laufenden Monat zur Verfügung gestellt, z. B. 1 GB (ein Gigabyte = 1.000 MB). Dieses Datenvolumen verbrauchen Sie, wenn Sie nicht mit einem WLAN-Netzwerk verbunden sind und im Internet surfen oder WhatsApp nutzen. Sie nutzen dann eine mobile Datenverbindung.

Wenn das Datenvolumen aufgebraucht ist, ist die Nutzung der genannten Dienste zwar theoretisch noch möglich, aber praktisch zu langsam, da die Geschwindigkeit von den Anbietern „gedrosselt" wird. Manche Verträge sehen aber auch vor, dass das Datenvolumen für diesen Fall automatisch kostenpflichtig erweitert wird.

Eine Nachricht über WhatsApp zu versenden, reduziert Ihr Datenvolumen nur sehr geringfügig. Ein Videotelefonat schlägt hier schon sehr viel stärker zu Buche. Deshalb sollten Sie für diese Aktionen das Smartphone mit einem WLAN verbinden. Ob Ihr Gerät momentan mit einem WLAN verbunden ist, entnehmen Sie der Statusleiste am oberen Rand des Displays.

 Smartphone ist mit WLAN verbunden

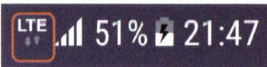 Smartphone ist nicht mit WLAN verbunden

> Versuchen Sie, wenn möglich, beim Ausprobieren und später auch bei der alltäglichen Nutzung von WhatsApp Ihr Smartphone mit einem WLAN zu verbinden. Das schont das Datenvolumen Ihres Mobilfunkvertrags.

Was ist mit Roaming oder Datenroaming gemeint?
Wenn Sie ins Ausland reisen, verbindet sich Ihr Smartphone mit dem ausländischen Mobilfunknetz. Da Sie auf der Grundlage Ihres Vertrag in der Regel nur für die Nutzung des Mobilfunknetzes Ihres Anbieters bezahlen, fallen für die Verwendung des fremden Netzes zusätzliche Gebühren an, z. B. für Anrufe, die Sie erhalten oder tätigen, für das Surfen im Internet mit dem Smartphone oder für das Versenden von Nachrichten in WhatsApp.

Eine Möglichkeit, wie Sie diesen Roaminggebühren im Ausland entgehen können, ist das Smartphone nur zu Nutzen, wenn dieses mit einem WLAN (z. B. das WLAN des Hotels) verbunden ist.

Durch die EU-Roaming-Verordnung von 2017 soll mit diesen Zusatzkosten zumindest im EU-Ausland Schluss sein. Die Idee ist, dass Sie im EU-Ausland telefonieren, surfen oder Nachrichten verschicken und dabei nur den Tarif bezahlen, den Sie im Heimatland bezahlen würden.

Welche Regelung genau für Ihren Vertrag gelten, müssen Sie unbedingt vor Reiseantritt mit Ihrem Anbieter oder durch Durchsicht Ihres Vertrags klären. Verlassen Sie sich nicht pauschal darauf, dass keine Roamingebühren entstehen.

Nutzung von fremden WLAN
Wenn Sie nicht Ihr heimisches WLAN nutzen, sondern das in einem Hotel, einer Ferienwohnung etc. können unter Umständen Zusatzkosten anfallen.

Inhaltsverzeichnis

Über dieses Buch

Befehle und Bezeichnungen von Schaltflächen sind zur besseren Unterscheidung farbig und kursiv hervorgehoben, zum Beispiel: Tippen Sie auf die Schaltfläche *Neuer Chat*.

Im Text finden Sie Nummerierungen ❶. Diese beziehen sich in der Regel auf die darunter aufgeführten Bilder. Auf Ausnahmen wird im Text hingewiesen.

Sowohl Ihr Smartphone als auch WhatsApp verfügen über *Einstellungen*. Dabei handelt es sich um zwei völlig unterschiedliche Bereiche:

- Die *Einstellungen* Ihres Smartphones rufen Sie über die App *Einstellungen* auf. Hier verbinden Sie Ihr Smartphone mit dem WLAN, erhalten Informationen zur Datennutzung, vereinbaren Einstellungen zur Tastatur und vieles mehr. Die Einstellungen des Smartphones werden je nach Smartphone-Typ mit einem anderen Symbol dargestellt; oft mit einem Zahnradsymbol.

- Die *Einstellungen* von WhatsApp öffnen Sie in WhatsApp über das Menü. Hier legen Sie Ihr Profilbild fest, erstellen ein Backup für WhatsApp oder entscheiden, welchen Benachrichtigungston Sie verwenden möchten.

- Naturgemäß werden in diesem Buch die WhatsApp Einstellungen behandelt. Für die wenigen Fällen, die die Einstellungen Ihres Smartphones zum Thema haben, erscheinen, um Verwechslungen vorzubeugen, nebenstehende Symbole.

Kapitel 01
WhatsApp einrichten

> WhatsApp einrichten

1.1 WhatsApp herunterladen und installieren

In der Regel installieren Sie WhatsApp auf Ihrem Smartphone. Im Einrichtungsprozess wird kein klassisches Benutzerkonto mit Name und Kennwort erstellt, wie Sie es vielleicht von der Einrichtung Ihres E-Mail-Kontos kennen. WhatsApp verlangt lediglich eine Telefonnummer und wird mit dieser verknüpft, d. h. WhatsApp kann mit derselben Telefonnummer nur an einem Gerät betrieben werden. Grundsätzlich kann WhatsApp auch auf einem Tablet installiert werden. Dazu sollte das Gerät eine SIM-Karte enthalten und Sie sollten mit dem Tablet telefonieren können.

> **Wichtig!** Falls Sie WhatsApp schon auf einem anderen Smartphone verwenden und Ihre Daten auch auf dem neuen Smartphone zur Verfügung stehen sollen, folgen Sie nicht dieser Anleitung, sondern lesen Sie zunächst Kapitel 6 - Sichern und umziehen.

WhatsApp im Play Store anzeigen und installieren

- Vor der Installation sollten Sie Ihr Smartphone mit einem WLAN verbinden. In der Regel ist Ihr Smartphone so eingerichtet, dass es sich Zuhause automatisch mit dem vorhandenen WLAN-Router verbindet.

- Öffnen Sie die App *Play Store*. Dazu tippen Sie auf das *Menü* ⊕ (Darstellung auf einem Smartphone mit Standard-Android), ⊞ (Darstellung auf einem Samsung Smartphone) und wählen den *Play Store* ▶ durch Antippen aus.

WhatsApp herunterladen und installieren

> **Probleme mit dem Play Store?** Bei der Ersteinrichtung Ihres Smartphones haben Sie sich mit einem Google Konto angemeldet. Dieses besteht aus einer E-Mail-Adresse, z. B. beispielname@gmail.com und einem Kennwort. In diesem Fall können Sie den Play Store nutzen. Ist dies nicht der Fall, müssen Sie sich nachträglich für den Play Store anmelden.

- Da WhatsApp häufig heruntergeladen wird, ist es möglich, dass die App bereits auf der Startseite angeboten wird ❶. Ansonsten geben Sie *whatsapp* in das Suchfeld ein ❷.

- In der Regel erhalten Sie schon nach den ersten Buchstaben das Suchangebot *WhatsApp Messenger* ❸. Tippen Sie dieses an.

- Das WhatsApp Angebot wird aufgerufen. Tippen Sie auf *Installieren* ❹ und nach erfolgtem Download auf *Öffnen*.

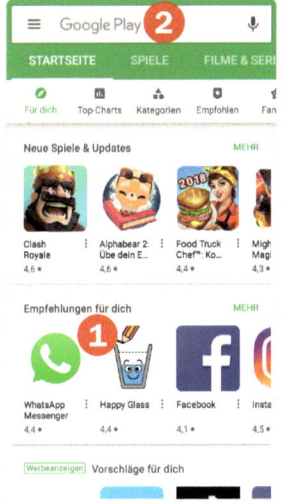  

> **WhatsApp einrichten**

> **Achtung!** Manche App-Hersteller versuchen am Erfolg von WhatsApp teilzuhaben und beispielsweise durch ein ähnliches Logo Nutzer zu verleiten, ihre App versehentlich herunterzuladen. Achten Sie beim Download darauf, den *WhatsApp Messenger* der Firma *WhatsApp Inc.* auszuwählen. Ein anderer Hinweis auf die richtige App ist die Anzhl ihrer Gesamtdownloads, die derzeit mit 1 Milliarde beziffert wird. "Mogel-Apps" erreichen diese Downloadzahl nicht. All diese Informationen finden Sie auf der WhatsApp Seite im Play Store. Vergleichen Sie dazu das Bild rechts auf der vorherigen Seite.

WhatsApp einrichten

- Im nächsten Schritt müssen Sie die Allgemeinen Geschäftsbedingungen akzeptieren. Um diese zu lesen, tippen Sie auf *WhatsApp Nutzungsbedingungen...* ❺. Die Rechtlichen Hinweise werden im Browser angezeigt. Streichen Sie vertikal über das Display, um durch den Text zu blättern. Verwenden Sie dann die Zurück-Taste ❻ Ihres Smartphones, um wieder zu WhatsApp zurückzukehren und tippen Sie auf *Zustimmen und Fortfahren* ❼.

- Im Laufe der Installation werden Sie mehrmals gebeten, den WhatsApp Zugriff auf verschiedene Bereiche Ihres Smartphones zu gestatten. Beispielsweise benötigt WhatsApp Zugriff auf Ihre Medien, wenn Sie ein Foto versenden möchten. Bei der Einrichtung von WhatsApp möchte die App auf Ihre SMS zugreifen, um die Verifikation der Telefonnummer automatisch durchzuführen. Wenn Sie WhatsApp mit allen Funktionen verwenden möchten, müssen Sie den Zugriff erlauben. Tippen Sie also zunächst auf *Weiter* ❽ und dann mehrmals auf *Zulassen*.

WhatsApp herunterladen und installieren

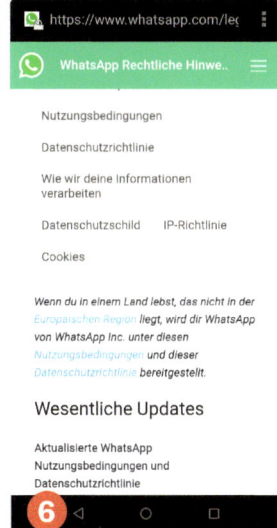
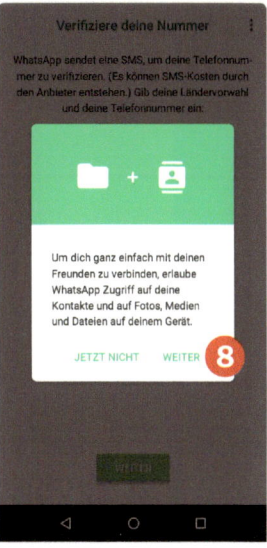

- **Nummer verifizieren:** Tippen Sie im nächsten Schritt auf *Wähle ein Land* ❾ und streichen Sie vertikal über das Display bis Ihr Land erscheint. Tippen Sie dieses an. Dadurch wird bereits die korrekte Ländervorwahl ausgewählt. Tippen Sie dann Ihre Telefonnummer ein. Beachten Sie:

    - Stellen Sie Ihrer Handy-Vorwahl keine Null ❿ voran. Diese wird hier nicht benötigt.
    - Falls Sie sich vertippen, erhalten Sie Berichtigungsvorschläge von WhatsApp. Diese können durch Antippen übernommen werden.

    Tippen Sie dann auf *Weiter* und bestätigen Sie die angezeigte Nummer durch Antippen von *Ok*. Erlauben Sie, dass WhatsApp Zugriff auf Ihre SMS erhält. Das ist notwendig, um die Nummer ohne Umwege zu verifizieren. Klicken Sie dazu auf *Weiter* und dann auf *Zulassen*.

WhatsApp einrichten

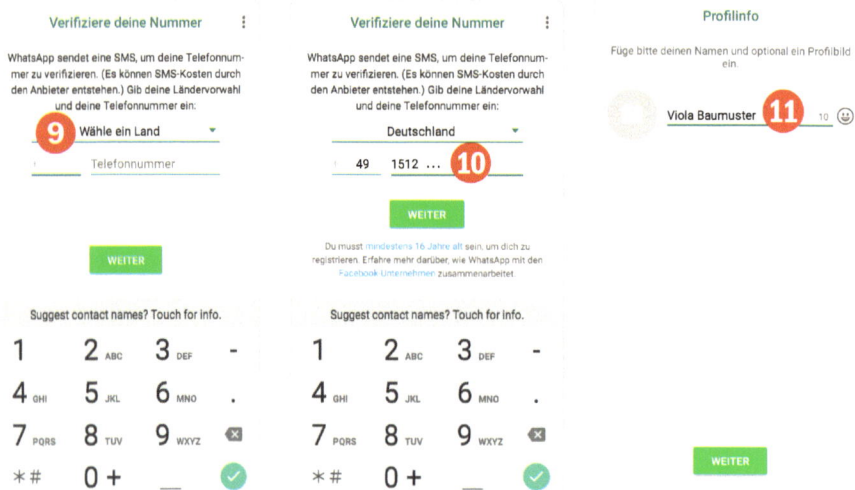

- An Ihr Smartphone wird nun eine SMS versendet. Dadurch verifiziert WhatsApp die Telefonnummer, d. h. dass die angegebenen Nummer existiert und zu diesem Smartphone gehört. In der Regel läuft dieser Vorgang automatisch ab. Falls diese Aktion nicht abgeschlossen werden kann, erhalten Sie die Möglichkeit zur Korrektur der Telefonnummer. Tippen Sie dazu auf *Falsche Nummer*. Sollte ein Verbindungsproblem (Funkloch) Schuld daran sein, dass die SMS nicht verifiziert werden konnte, tippen Sie auf *SMS erneut senden* oder lassen Sie sich den sechsstelligen Code via Anruf mitteilen. Dazu tippen Sie auf *Mich anrufen*.

- Zuletzt geben Sie einen Namen ⓫ ein, der Ihren WhatsApp Kontakten angezeigt wird. Tippen Sie dazu in das Feld, um die Bildschirmtastatur anzuzeigen. Diese Information können Sie auch später bearbeiten. Tippen Sie dann auf *Weiter*.

Nach der Einrichtung wird die Oberfläche von WhatsApp angezeigt.

1.2 WhatsApp Oberfläche

Die WhatsApp Oberfläche ist aufgeteilt in die Bereiche *Chats*, *Status* und *Anrufe*. Zum Wechseln tippen Sie auf einen Bereichsnamen oder wischen horizontal über den Bildschirm.

Ganz links finden Sie den Kamerabreich von WhatsApp. Hier könnten Sie via WhatsApp Fotos knipsen und Videos aufnehmen. Dazu müssen Sie den Zugriff auf die Kamera erlauben. Da es andere Möglichkeiten gibt, ein Foto aufzunehmen und zu versenden, müssen Sie den Bereich nicht verwenden.

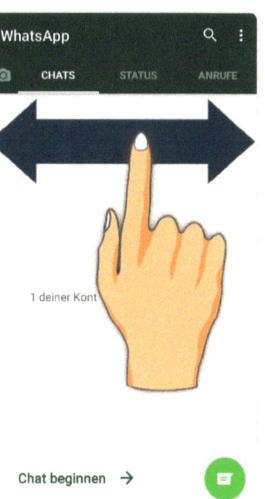

CHATS

Im Bereich Chats tauschen Sie Nachrichten, Fotos oder Videos mit Freunden aus. Beim ersten Verwenden von WhatsApp ist der Bereich noch leer.

Über die Schaltfläche ⬤ bei *Chat beginnen* starten Sie eine Unterhaltung (Wie das genau geht, erfahren Sie gleich in Kapitel 2). Hier finden Sie die Kontaktliste.

WhatsApp sucht nach der Einrichtung in Ihrer App *Kontakte* nach Personen, die ebenfalls WhatsApp nutzen und fügt diese der WhatsApp-Kontaktliste hinzu. Sollten in Ihrer App *Kontakte* keine Telefonnummern von Freunden hinterlegt sein, können Sie zunächst keine Nachrichten über WhatsApp versenden.

WhatsApp einrichten

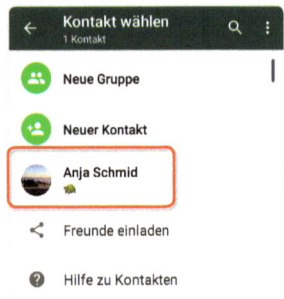

Kontaktliste

Über eine Milliarde Menschen nutzen WhatsApp. In der Regel werden also eine ganze Reihe an Familienmitgliedern und Freunden ebenfalls WhatsApp verwenden.

Mit wem Sie momentan Kontakt aufnehmen können, sehen Sie in der Kontaktliste. Im Beispiel rechts wurde bis jetzt nur ein Kontakt gefunden, der ebenfalls WhatsApp nutzt. In der Regel sind das mehr.

App Kontakte: In der App Kontakte speichern Sie Name, Telefonnummer und Adressen Ihrer Freunde. Diese App ist sozusagen das Adressbuch Ihres Smartphones. Das Symbol der App Kontakte ist nicht auf jedem Smartphone gleich. Nebenstehend finden Sie einige mögliche Darstellungsformen.

So fügen Sie neue Kontakte hinzu

Die Person, der Sie eine WhatsApp Nachricht schreiben möchten, muss in der App *Kontakte* mit deren Handynummer hinterlegt sein. Sie können die Eingabe in der App *Kontakte* vornehmen oder über WhatsApp.

In WhatsApp zeigen Sie den Bereich *CHATS* an und klicken unten rechts auf die Schaltfläche 💬 *Neuer Chat*. Die *Kontaktliste* wird angezeigt. Hier tippen Sie auf *Neuer Kontakt* ❶. Dadurch wird die App *Kontakte* aufgerufen. Nun tragen Sie Vor- und Nachnamen und die Handynummer der Person ein (Erfahren Sie mehr zur Bedienung der Tastatur ab Seite 26). Selbstverständlich können Sie auch weitere Informationen hinterlegen, diese sind allerdings

WhatsApp Oberfläche

für die Verwendung von WhatsApp unerheblich. Die Bilder in der Mitte und rechts zeigen verschiedene Darstellungsoptionen des Kontaktformulars.

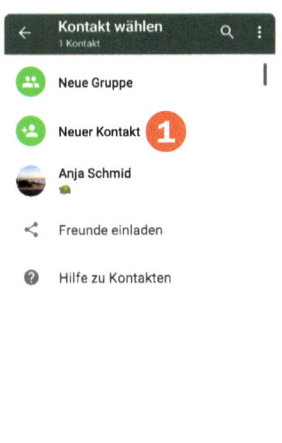 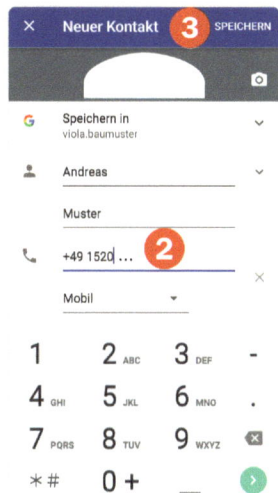 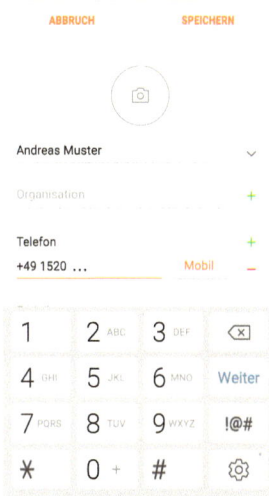

- Tippen Sie in das Feld, für das Sie Informationen eingeben möchten. Das Tastenfeld erscheint automatisch, passend zur erwarteten Eingabe mit Buchstaben oder Zahlen.

- Geben Sie die Telefonnummer korrekt ein. Tippen Sie dazu etwas länger auf die Taste Null, um ein Plus-Symbol einzufügen. Falls eine Plus-Taste vorhanden ist, wählen Sie diese. Geben Sie die Ländervorwahl ein, für Deutschland +49, und tippen Sie dann die Handynummer ein, ohne die Führungsnull ❷. Bestätigen Sie mit *Speichern* ❸. Anstelle von Speichern kann auch ein Häkchen ✓ als Symbol für die Speicherung vorhanden sein.

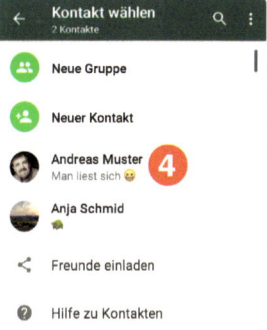

- Drücken Sie die Zurück-Taste Ihres Smartphones, um zur *Kontaktliste* zurückzukehren. Hier finden Sie den neuen Kontakt ❹.

WhatsApp einrichten

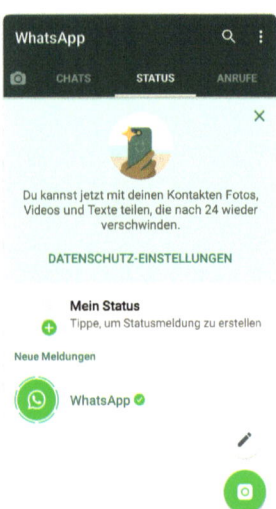

STATUS

Tippen Sie auf *Status*, um diesen Bereich aufzurufen. Hier können Sie ein oder mehrere Foto(s) bzw. Video(s) anzeigen und Ihre Freunde daran teilhaben lassen. Das Bild ist für 24 Stunden verfügbar und wird dann automatisch aus dem Status entfernt. Genauso sehen Sie hier Bilder und Videos, die Ihre Freunde hinterlegt haben. Ab 2019 soll in diesem Bereich zusätzlich Werbung eingeblendet werden.

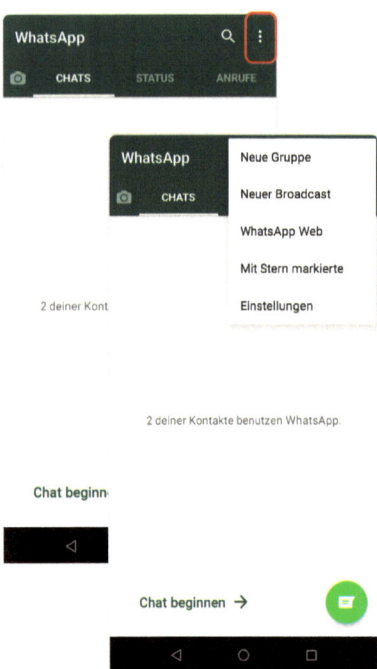

WhatsApp Menü

Das WhatsApp Menü wird rechts oben im WhatsApp Fenster angezeigt und durch Anklicken von 🍱 geöffnet. Das Menü stellt in Abhängigkeit vom Bereich (*CHATS*, *STATUS*, *ANRUFE*, *Kontaktliste*) andere Optionen zur Verfügung. Manche Smartphone-Modelle verfügen über eine extra Taste, die ebenfalls das Menü aufrufen kann. Hier können Sie entscheiden, ob Sie die Taste verwenden oder das Menü über das 🍱 -Symbol öffnen.

Im Bild sehen Sie das Menü des Bereichs CHATS.

Kapitel 02
Nachrichten, Fotos & mehr austauschen

2.1 Kontaktliste verwenden

Die Kontaktliste ist nach Vornamen alphabetisch sortiert. Zur Anzeige weiterer Kontakte wischen Sie mit dem Finger vertikal über das Display. Oder tippen Sie rechts auf den senkrechten Balken ❶ und ziehen Sie diesen nach unten bzw. oben zum schnellen Scrollen durch ein alphabetisches Register. Wo Sie sich gerade befinden, wird durch einen Buchstaben angezeigt.

Hat der Kontakt kein Foto hinterlegt und haben auch Sie keines in der App Kontakte hinzugefügt, dann wird der Kontakt nur mit einem Bild-Symbol ❷ angezeigt. Wenn Sie bei einem Kontakt mehrere Mobilfunknummern eingegeben haben, z. B. eine private und eine geschäftliche Nummer, und für beide Nummern WhatsApp verwendet wird, dann taucht der Kontakt zweimal in der Kontaktliste auf ❸.

Kontaktliste aktualisieren: Haben Sie gerade eine Telefonnummer in die App *Kontakte* eingegeben, ist es möglich, dass der Kontakt in WhatsApp noch nicht übernommen wurde. Tippen Sie dann rechts oben auf das Menü-Symbol ❹ und wählen Sie *Aktualisieren* ❹.

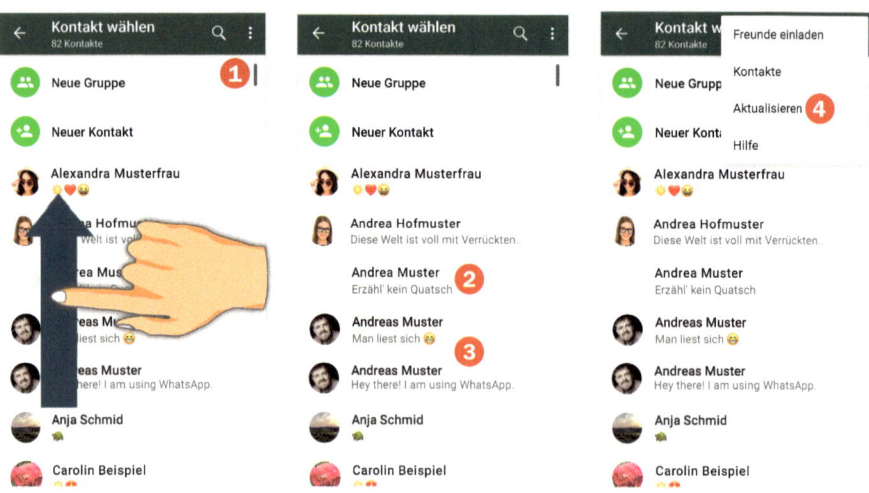

2.2 Textnachrichten verschicken

Eine Unterhaltung beginnen

- Beim ersten Austausch von Nachrichten mit einem Freund tippen Sie im Bereich CHATS unten auf die Schaltfläche *Neuer Chat* und wählen dann aus der Kontaktliste die Person durch Antippen aus. Der Empfänger der Nachricht wird jetzt im persönlichen Chat oben angezeigt ❶.

- Geben Sie über die Tastatur eine Nachricht ❷ ein und versenden Sie diese durch Antippen des Pfeil-Symbols . Sollte die Tastatur nicht angezeigt werden, dann tippen Sie einmal in das Nachrichtenfeld ❸.

- Die Nachricht, die Sie gesendet ❹ haben, erscheint nun im Chatfenster. Um diese Unterhaltung zu verlassen, klicken Sie auf den Pfeil oben links ❺ oder verwenden die Zurück-Taste des Smartphones.

- Die Unterhaltung mit dieser Person ❻ wird ab jetzt im Bereich CHATS angezeigt. Tippen Sie den Chat an, um weitere Nachrichten auszutauschen.

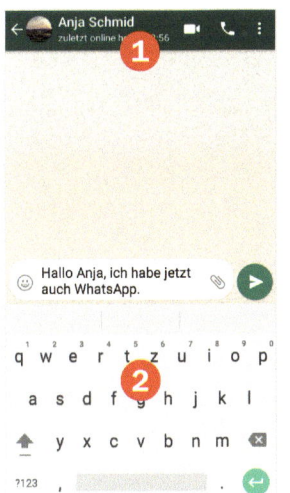

Wichtig! Versendete Nachrichten und alle anderen verschickten Medien, z. B. Fotos, Videos etc. können gelöscht werden. Wie das geht erfahren Sie auf Seite 97.

Nachrichten, Fotos & mehr austauschen

Nachrichten erhalten

In der Standardeinstellung ertönt bei Eingang einer Nachricht der Benachrichtigungston. Die Nachricht erscheint auf dem Sperrbildschirm ❶ und in der Benachrichtigungsleiste ❷ (Bereich, der vom oberen Rand des Smartphone-Bildschirms nach unten gezogen wird, um dessen Inhalt anzuzeigen). Die Anzahl der neuen Nachrichten wird neben dem App-Symbol angezeigt.

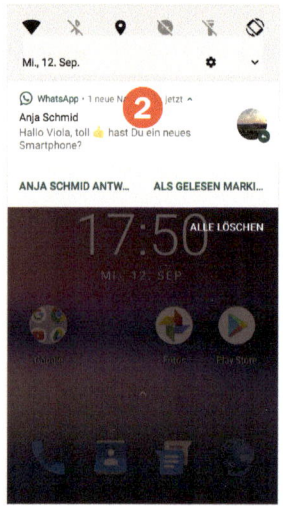

Die Darstellung der Nachricht auf dem Sperrbildschirm (Bild links) und in der Benachrichtigungsleiste (Bild rechts) variiert je nach installierter Android-Version und Smartphone-Hersteller.

Nach Öffnen von WhatsApp sehen Sie im Bereich *CHATS*, wie viele neue Nachrichten eingegangen sind ❸. Durch Antippen öffnen Sie die entsprechenden Chat. Hier sehen Sie Nachrichten, die Sie versendet haben ❹ (grün hinterlegt) und Nachrichten, die Sie erhalten haben ❺ (weiß hinterlegt). Zur Eingabe einer Antwort tippen Sie in das Nachrichtenfeld ❻. Dadurch wird die Tastatur angezeigt.

Da Sie nicht nur mit einer Person Nachrichten austauschen, wird sich der Bereich *CHATS* nach und nach mit weiteren Unterhaltungen füllen ❼. Um hier den Überblick zu behalten, ist er nach dem Änderungsdatum sortiert,

Textnachrichten verschicken

d. h. die Unterhaltung, in der Sie zuletzt eine Nachricht, ein Foto, ein Video etc. versendet bzw. erhalten haben, wird oben angezeigt. So ändert sich die Reihenfolge ständig. Um einen älteren Chat anzuzeigen, wischen Sie vertikal von unten nach oben über das Display und verschieben damit den angezeigten Ausschnitt am Bildschirm. Alternativ können Sie aber auch über die Kontaktliste die Person auswählen, mit der Sie sich austauschen möchten. Dadurch wird der Chat ebenfalls angezeigt.

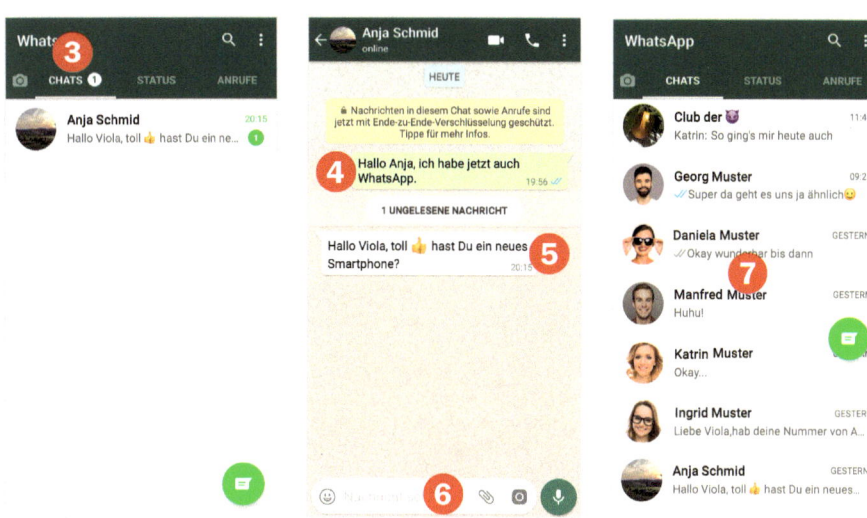

Nachrichten von Fremden oder ungespeicherten Freunden

Selbstverständlich kann jeder Ihnen eine Nachricht schicken, der Ihre Telefonnummer kennt. Bei Nachrichten von Personen, die nicht in der App *Kontakte* gespeichert sind, wird für die erhaltene Mitteilung in der Übersicht nicht der Name, sondern die Telefonnummer angezeigt ❶. Öffnen Sie den Chat durch Antippen. Nach der Nachricht finden Sie die Option *Blockieren*, die Sie verwenden können, wenn Sie den Absender nicht kennen. Dann werden keine Nachrichten dieser Nummer mehr angezeigt (dazu gleich mehr in Kapitel 4). Wenn Sie die Person kennen, können Sie diese *Zu Kontakten hinzufügen* ❷. Mit dieser Funktion speichern Sie den neuen Kontakt schnell in der App *Kontakte*. Sie müssen dann nur noch entscheiden, ob Sie die Telefonnummer zu einem bestehenden Kontakt hinzufügen (*VORHANDEN*) ❸ oder einen neuen Kontakt erstellen (*NEU*) wollen. Nach Auswahl von *NEU* wird die App *Kontakte* angezeigt. Tippen Sie einen Vor- und Nachnamen ein. Die Nummer ist bereits hinzugefügt. Tippen Sie dann auf *Speichern*. Danach wird der Kontakt mit Namen in der Chatliste angezeigt.

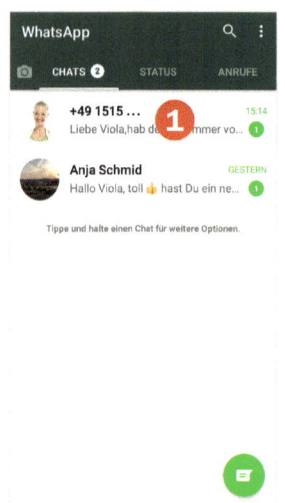  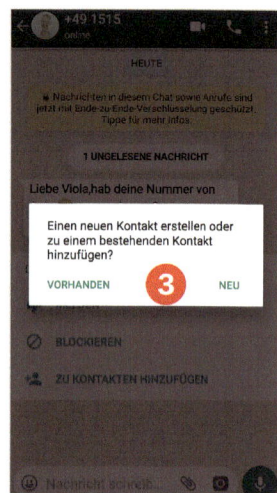

Text und Emojis eingeben

Die Bildschirmtastatur genauer betrachtet

Das Tastaturlayout ist abhängig von der Smartphone-Marke und der installierten Android-Version. Aus diesem Grund sind kleinere Abweichungen, wie unten dargestellt, möglich.

Textnachrichten verschicken

Taste	Beschreibung
⇧ ⬆ ⇧	Diese Tasten zeigen an, dass **Kleinbuchstaben** eingegeben werden. Man sieht es auch an der Darstellung der Buchstaben auf den Tasten.
⇧ ⬆ ⬆	Wenn Sie unmittelbar nach Anzeige der Tastatur einen Buchstaben eingeben, wird dieser groß geschrieben; Sie erkennen das schon daran, dass die Tasten mit Großbuchstaben angezeigt werden und am Aussehen der Umschalttaste. Einmaliges Antippen der Umschalttaste aktiviert die **Großschreibung**. Der Buchstabe wird groß geschrieben, danach wird die Großschreibung automatisch deaktiviert.
⇧ ⬆ ⬆	Halten Sie die Umschalttaste etwas länger gedrückt, um die **dauerhafte Großschreibung** zu aktivieren. Nochmaliges Antippen „entsperrt" die Taste wieder.
!#☺ ?123	Einige Tastaturen, z. B. von Samsung, zeigen die Zahlen am oberen Rand der Tastatur an. Ist dies nicht der Fall, tippen Sie auf `?123`, um **Zahlen** und weitere **Symbole** darzustellen. Durch Antippen von `!#☺` erhalten Sie ebenfalls weitere Zeichen.
1/2 =\< 2/2 ?123 ABC	Benötigen Sie noch ausgefallenere Zeichen, klicken Sie auf `=\<` oder `1/2`. Mit `?123` bzw. `2/2` kehren Sie wieder zum vorherigen Zeichensatz zurück. Zur Anzeige der Buchstabentastatur tippen Sie auf `ABC`.
Deutsch	Tippen Sie auf die **Leertaste**, um ein Leerzeichen einzufügen.
⏎ ⏎	Mit Hilfe dieser Taste wechseln Sie in eine **neue Zeile**. WhatsApp kann allerdings auch so eingestellt sein, dass durch Antippen der Eingabetaste die Nachricht versendet wird.
⌫ ⌫ ⌫	Tippen Sie zum **Löschen** einzelner Buchstaben kurz auf das Symbol. Um einen längeren Textabschnitt zu löschen, bleiben Sie auf der Taste. Sofern ein Wort automatisch korrigiert wurde, kann mit der Löschen-Taste die Autokorrektur rückgängig gemacht werden.
🎤 🎤	Mit der **Spracheingabe** von Google diktieren Sie eine Nachricht. Sprechen Sie einfach die gewünschten Wörter in das Mikrofon und diese werden im Nachrichtenfeld als Text angezeigt.

Umlaute anzeigen

Sollten auf der Tastatur keine Umlaute angezeigt werden, so erhalten Sie ein *Ä* durch längeres Drücken von *A*, ein *Ü* durch längeres Drücken von *U* usw. Wenn das Auswahlmenü ❶ angezeigt wird, ist in der Regel der Umlaut markiert. In diesem Fall nehmen Sie den Finger vom Display - der Umlaut wird eingefügt.

Möchten Sie ein anderes Zeichen auswählen, bleiben Sie mit dem Finger auf dem Display, bewegen diesen auf das Auswahlmenü und zeigen auf das gewünschte Zeichen. Dieses wird dann markiert und Sie können den Finger wegnehmen.

> **Tipp:** Halten Sie die Taste S gedrückt, um ein ß zu erhalten. Es können weitere Tasten zur Verfügung stehen, die durch längeres Gedrückthalten den Zugriff auf zusätzliche Zeichen oder Funktionen gewähren.

Texterkennung verwenden

Sofern die Texterkennung eingeschaltet ist, erhalten Sie bei der Eingabe von Nachrichten in WhatsApp Wortvorschläge, die Sie durch Antippen übernehmen können. Wie effektiv die Texterkennung arbeitet, hängt nicht von WhatsApp ab, sondern von Ihrem Smartphone und der verwendeten Android-Version.

Texterkennung aktivieren: Wechseln Sie zu den *Tastatureinstellungen* Ihres Smartphones. Je nach verwendetem Smartphone kann das auf folgendem Weg geschehen:

- Samsung mit Android 7: Öffnen Sie *Einstellungen* ⚙ ▶ *Allgemeine Verwaltung* ▶ *Sprache und Eingabe* ▶ *Virtuelle Tastatur*. Wählen Sie dort die

Tastatur, z. B. *Android-Tastatur* oder *Samsung-Tastatur* etc. Hier aktivieren Sie ggf. die *Texterkennung* ❶.

- Nexus mit Android 8.1: Öffnen Sie die *Einstellungen* ⚙ ▶ *System* ▶ *Sprachen & Eingabe* ▶ *Bildschirmtastatur* ▶ *Gboard* ▶ *Textkorrektur* ▶ *Vorschlagsleiste anzeigen* ❷.

- Alternativ wählen Sie *Einstellungen* ⚙ ▶ *System* ▶ *Sprachen & Eingabe* ▶ *Bildschirmtastatur* ▶ *Android-Tastatur* ▶ *Textkorrektur* ▶ *Änderungsvorschläge* ❸.

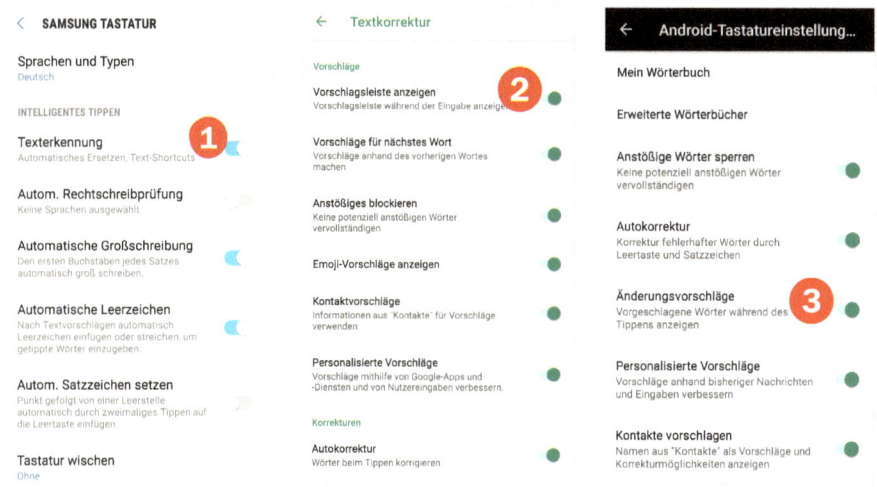

Vorschläge auswählen:

- Worte, die die automatische Texterkennung oberhalb der Tastatur vorschlägt, können durch Antippen ❹ übernommen werden.

- Erscheint ein Wort in der Vorschlagsleiste farbig bzw. fett ❺, dann wird diese Schreibweise übernommen, wenn Sie die Leertaste bestätigen. Wenn das nicht gewünscht war, drücken Sie die Löschtaste, dann erscheint das Wort in seiner ursprünglichen Schreibweise. Ist kein Wort hervorgehoben, können Sie die Leertaste einfach drücken, ohne dass etwas ersetzt wird.

Nachrichten, Fotos & mehr austauschen

- Sollen nur die getippten Buchstaben ohne jede weitere Ergänzung eingefügt werden, dann tippen Sie auf das Häkchen bzw. auf das getippte Wort ❻, welches ebenfalls in der Vorschlagsleiste erscheint. Wird keine automatische Textkorrektur vorgenommen, können Sie einfach die Leertaste drücken.

- Automatische Korrekturen können mit der Löschtaste rückgängig gemacht werden.

- Eine Auswahl an weiteren Wörtern erhalten Sie, wenn Sie auf das Erweiterungs-Symbol ❼ am Ende der Vorschlagsleiste tippen oder bei anderen Smartphones, wenn Sie etwas länger auf ein Wort ❽ in der Vorschlagsleiste tippen.

Text formatieren

Text kann fett, kursiv, in einer anderen Schriftart (*Monospace*) oder, falls gewünscht, sogar durchgestrichen dargestellt werden. Markieren Sie das Wort, welches eine neue Formatierung erhalten soll. Dazu tippen Sie am besten doppelt auf den Begriff. Durch Ziehen an den grünen Tropfen kann die Markierung erweitert werden. Tippen Sie dann auf ⋮ ❶ und wählen Sie eine Formatierungsoption ❷ durch Antippen aus. Durch vertikales

Textnachrichten verschicken

Streichen über die Liste zeigen Sie alle Formatierungsoptionen an. Sie können die Liste durch Antippen des schwarzen Pfeils verlassen, ohne ein Element auszuwählen.

 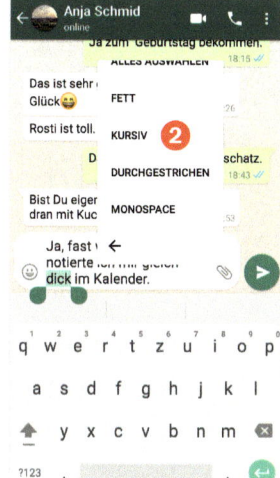 

Der Text wird entsprechend der gewünschten Attribute in bestimmte Zeichen eingeschlossen, im Fall der Auswahl *fett* in Sternchen ❸. Die Zeichen sind im Nachrichtenfeld noch sichtbar, verschwinden aber nach Versenden der Nachricht ❹. Diese Ansicht wird auch beim Empfänger angezeigt.

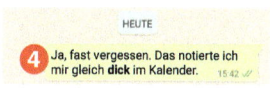

> **Was bedeutet Monospace?** Monospace bezeichnet eine nichtproportionale Schriftart. Diese zeichnen sich kurz gesagt dadurch aus, dass jeder Buchstabe dieselbe Breite einnimmt. Sie eignet sich besonders gut zur Eingabe von Zahlen.

Emojis einfügen

Emojis sind aus der heutigen schriftlichen Kommunikation kaum noch wegzudenken. Mit ihnen kann man Gefühle ausdrücken und Begriffe ersetzen. Seit Ende 2017 verwendet WhatsApp eine eigene Zusammenstellung an Emojis. Rufen Sie beispielsweise die App *Nachrichten* (zum Schreiben von SMS) auf, werden Sie feststellen, dass die dort zur Verfügung gestellten Emojis, sich im Aussehen durchaus etwas unterscheiden.

Emoji verschicken

- Tippen Sie auf 😀 ❶, um ein Emoji einzufügen. Beachten Sie, dass Ihnen mehrere Kategorien zur Verfügung stehen. Der erste Bereich 🕓 ❷ enthält die zuletzt verwendeten Grafiken. Dann folgen Smileys, Tiere und Pflanzen, Nahrungsmittel, Sportgeräte usw. In jedem Bereich können Sie durch vertikales Wischen weitere Elemente anzeigen.

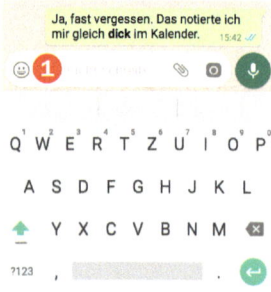

- Einige Emojis, z. B. Hände und Gesichter, können in verschiedenen Farben verwendet werden. Diese sind durch ein Dreieck am rechten unteren Rand gekennzeichnet. Bei der ersten Verwendung wird eine Farbauswahl ❸ angeboten. Wählen Sie eine Farbvariante aus, die ab jetzt für das Symbol verwendet wird. Wenn Sie die Farbe wechseln möchten, drücken Sie etwas länger auf das Zeichen, um die Varianten erneut anzuzeigen.

- Sie können ein Emoji nicht finden? Dann suchen Sie danach. Tippen Sie 🔍 ❹ an und geben Sie einen Suchbegriff, z. B. *Kuchen* ein. Die passenden Symbole und Emojis werden zur Auswahl angeboten ❺. Wenn Sie die Suche verlassen möchten, ohne ein Element auszuwählen, dann tippen Sie erneut auf 😀 im Nachrichtenfeld ❻.

> Falls die untere Leiste nicht angezeigt wird, streichen Sie vertikal von oben nach unten über die angezeigten Emojis.

Textnachrichten verschicken

- Mit ⊗ ❼ löschen Sie das Emoji wieder.
- Anstelle von Emojis können Sie auch animierte GIF-Bilder durch Anklicken von *GIF* ❽ in einem Chat versenden (mehr dazu gleich auf der nächsten Seite).
- Durch Antippen der Tastatur ❾ im Eingabefeld zeigen Sie wieder die Bildschirmtastatur an.

Beim Einfügen eines Emoji zusammen mit Nachrichtentext wird das Symbol passend zur Größe der Schrift abgebildet. Wenn Sie ein Emoji allein versenden, wird es größer angezeigt.

Im Anhang dieses Buches finden Sie eine Zusammenstellung häufig verwendeter Emojis und was diese ausdrücken sollen. Jedoch ist es nicht immer möglich eine eindeutige Bedeutung festzulegen. Emojis haben zwar eine feststehende Bezeichnung und damit auch Bedeutung (festgelegt durch den Unicode-Standard), doch wird die Darstellung von Nutzern missinterpretiert oder durch einen anderen kulturellen Hintergrund anders verwendet. Dazu eine kleine Anekdote. Ich habe einmal folgende Nachricht erhalten: "Ich gehe zum Bäcker 💩 holen. Magst Du auch?" Eigentlich wurde ich gefragt, ob man mir einen Kackhaufen (Entschuldigen Sie die Ausdrucksweise) mitbringen soll; gemeint war die Süßigkeit Granatsplitter. Bei der Interpretation eines Emojis sollte man also immer den Kontext und das schreibende Gegenüber in die Interpretation einbeziehen.

Bewegtes Bild verschicken

WhatsApp stellt eine Reihe von animierten GIF-Bildern zur Verfügung. Dabei handelt es sich um eine kurze Bildsequenz, die fortlaufend wiederholt wird und so den Eindruck eines bewegten Fotos erzeugt, z. B. ein klatschender Mann. Man verwendet diese Bilder, ähnlich wie Emojis, um Gefühle auszudrücken. Tippen Sie im Nachrichtenfeld auf 😊 und wählen dann *GIF* ❶ aus. Über das Suchen-Symbol 🔍 können Sie nach bestimmten Inhalten suchen, hier wurde beispielsweise nach *Konfetti* gesucht. Wählen Sie eine Datei durch Antippen aus. Optional können Sie diese durch eine Nachricht ergänzen ❷. Tippen Sie dann auf *Senden* ▶.

Zum Betrachten des GIFs tippen Sie im Chat auf das Bild ❸. Zum Stoppen der Bildsequenz streichen Sie kurz vertikal über das Display.

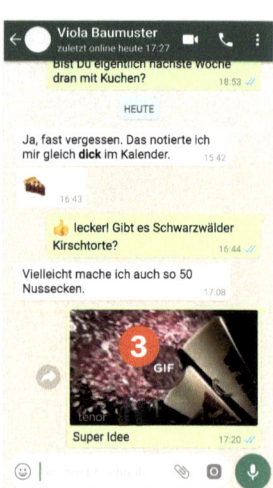

Textnachrichten verschicken

Texte nicht schreiben sondern diktieren

Bitten Sie Google zum Diktat und tippen Sie dazu auf die Spracheingabe-Taste auf der Tastatur, in der Regel dargestellt durch eine Taste mit Mikrofon. Unter Umständen wird die Google-Spracheingabe auch über eine zusätzliche virtuelle Navigationstaste aufgerufen, wie im Bild rechts zu sehen. Nach Antippen dieser Taste wählen Sie die Option *Google-Spracheingabe*.

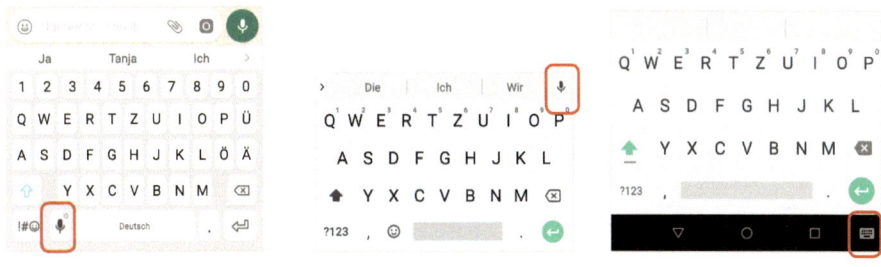

> Verwechseln Sie die Spracheingabe-Taste auf der Tastatur nicht mit der Aufnahmetaste 🎤 für Sprachnachrichten, die sich neben dem Nachrichtenfeld befindet.

Oft wird anstelle der Tastatur die Spracheingabe angezeigt, das gilt aber nicht für alle Smartphone-Modelle. Die Spracheingabe funktioniert via Internet. Sie müssen also mit einem WLAN oder mit dem Datennetz Ihres Mobilfunkanbieters verbunden sein.

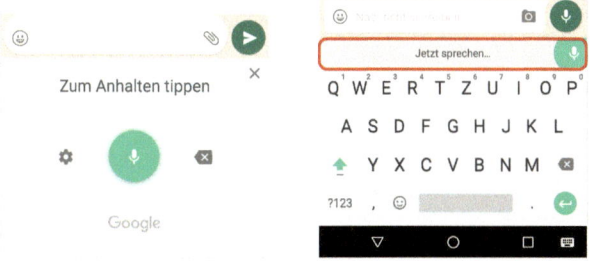

- Alles, was Sie jetzt sagen, wird in das Nachrichtenfeld geschrieben. Sie können auch Satzzeichen wie „Punkt" oder „Fragezeichen" diktieren. Zu

35

Nachrichten, Fotos & mehr austauschen

beachten ist dabei, dass Sie das Satzzeichen zügig mit dem Satz nennen. Andernfalls wird es ausgeschrieben.

- Nach und nach wird der diktierte Text im Nachrichtenfeld angezeigt. Um zu Pausieren tippen Sie auf das Mikrofon ❶. Das Mikrofon ist jetzt andersfarbig hinterlegt. Zum Fortsetzen des Diktats tippen Sie das Mikrofon erneut an ❷.

- Zum Löschen einzelner Worte verwenden Sie ⌫. Wenn ein Wort falsch verstanden wurde, sollten Sie zunächst versuchen, das Wort durch das richtige zu ersetzen. Dazu tippen Sie das Wort an. Sie erhalten eine Liste mit Vorschlägen. Sollte das Richtige dabei sein, wählen Sie es durch Antippen ❸ aus. Sonst wählen Sie *Löschen*.

- Zur Anzeige der Tastatur tippen Sie auf das *x*.

Fotos, Videos und Audio versenden

2.3 Fotos, Videos und Audio versenden

Medien versenden

Neben Nachrichten können via WhatsApp auch Fotos, Videos oder Audiodateien versendet werden. Zeigen Sie den WhatsApp Kontakt an, tippen Sie dann im Nachrichtenfeld auf das Büroklammer-Symbol und wählen Sie das gewünschte Element.

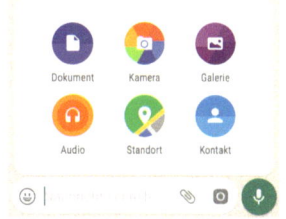

 Foto oder Video aufnehmen und versenden

- Wählen Sie *Kamera* ❶ (siehe Bild auf der nächsten Seite). Wenn Sie diese Aktion zum ersten Mal vornehmen, müssen Sie WhatsApp erlauben, Zugriff auf die Kamera und bei Video auch auf Audio zu nehmen.

> Alternativ erhalten Sie im Nachrichtenfeld neben dem Büroklammer-Symbol durch Antippen von 🅾 auch die Möglichkeit, ein Foto zu knipsen.

- Tippen Sie auf den kreisformigen Auslöser ❷, um ein Foto zu knipsen. Für ein Video halten Sie den Auslöser gedrückt und lassen erst los, wenn die Aufnahme beendet ist.

- Verwenden Sie 🔄 zum Wechsel zwischen hinterer und vorderer (für Selfies) Kamera.

- Durch gegebenenfalls mehrmaliges Antippen von 🚫 schalten Sie den Blitz ein ⚡ bzw. aus 🚫 oder wählen automatisches Blitzen ⚡A.

- Beim Erstellen eines Fotos oder Videos können Sie durch Ziehen mit zwei Fingern den Digitalzoom verwenden.

Nachrichten, Fotos & mehr austauschen

- Zum aufgenommenen Foto oder Video kann im Feld *Beschriftung hinzufügen* ❸ eine Nachricht eingetippt werden.
- Versenden Sie die Aufnahme durch Antippen von ▶.
- Falls Sie die Aktion abbrechen möchten, tippen Sie auf ← ❹ links oben oder verwenden die Zurück-Taste. Das Foto/Video wird verworfen und auch nicht auf dem Smartphone gespeichert.

Wenn Sie die Kamera aufrufen, werden eine Reihe von Miniaturbildern ❺ auf dem Display angezeigt. Dabei handelt es sich um Fotos, die auf Ihrem Smartphone gespeichert sind. Auch diese können ausgewählt werden. Das geht aber leichter mit der Methode, die auf der nächsten Seite folgt. Sobald Sie den Auslöser oder einfach nur das Display antippen, werden die Miniaturansichten ausgeblendet.

Dateigröße von Medien: Dateien, z. B. Videos, Dokumente oder Audiodateien mit mehr als 100 MB können nicht versendet werden. Sie erhalten in diesem Fall eine Meldung.

> Die ausgewählte Mediendatei ist größer als 100 MB. Datei kann nicht gesendet werden.
>
> OK

Fotos, Videos und Audio versenden

Bereits vorhandene Fotos oder Videos versenden

Abgespeicherte Fotos oder Videos fügen Sie durch Antippen von *Galerie* ❶ hinzu. In der Galerie entscheiden Sie sich für einen Bereich, z. B. *Kamera* ❷, wenn Sie das Bild mit der Smartphone-Kamera aufgenommen haben. Hier finden Sie auch jeweils einen Ordner *WhatsApp Images* bzw. *WhatsApp Video*. In diesen Ordnern befinden sich alle Fotos und Videos, die Sie über WhatsApp ausgetauscht haben.

Öffnen Sie den gewünschten Ordner durch Antippen und wählen Sie ein Foto/Video aus. Mehrere Dateien wählen Sie aus, indem Sie beim Antippen auf dem ersten Element etwas länger verweilen ❸, dann weitere auswählen und mit *OK* rechts oben bestätigen.

Falls Sie vor dem Verschicken die Auswahl nochmals verändern möchten, klicken Sie auf 🖼 ❹, um weitere Fotos/Videos hinzuzufügen. Durch Antippen der Miniaturansichten ❺ wird das Bild groß angezeigt. Mit 🗑 ❻ löschen Sie das ausgewählte Bild wieder.

Verschicken Sie mehrere Bilder gleichzeitig bzw. aufeinanderfolgend, dann werden diese zunächst einzeln, beim nächsten Öffnen des Chats zusammengefasst angezeigt ❼. Bilder mit Beschriftung werden nicht in die Zusammenstellung aufgenommen, sondern einzeln im Chat dargestellt.

Nachrichten, Fotos & mehr austauschen

Fotos bearbeiten

Vor dem Versenden kann jedes Foto bearbeitet werden.

- Filter: Es stehen verschiedene Filter zur Verfügung. Wischen Sie vertikal über das Display ❶, um die Filteroptionen ❷ anzuzeigen. Zur Auswahl tippen Sie einen Filter an. Mit *Ohne* ❸ kehren Sie wieder zur Originalansicht zurück. Sind Sie mit dem Ergebnis zufrieden, tippen Sie auf das Pfeil-Symbol links oben und dann auf Senden .

- Bild zuschneiden: Klicken Sie auf ❹ und ziehen Sie an den weißen Begrenzungslinien ❺, um einen Teil des Fotos abzuschneiden. Mit ❻ kann das Bild auch gedreht werden. Tippen Sie dann auf *Fertig*. Mit *Abbrechen* verlassen Sie die Ansicht, ohne eine Änderung vorzunehmen.

- Mit fügen Sie Smileys und andere Grafiken ein. Ziehen Sie mit zwei Fingern an der Grafik, um die Größe zu verändern oder diese zu drehen. Für manche Grafiken wird an der rechten Seite ein Farbbalken angezeigt. Durch Antippen verändern Sie die Farbe.

- Auch Text kann zu einem Foto hinzugefügt werden. Tippen Sie auf und dann auf die Farbleiste zur Auswahl der Textfarbe. Die Tastatur wird automatisch eingeblendet. Geben Sie den Text ein und tippen Sie dann

Fotos, Videos und Audio versenden

auf *OK* oder auf ✓. Auch hier kann die Größe des Texts mit zwei Fingern minimiert werden.

- Das Stift-Symbol ✏ bietet die Möglichkeit zu malen. Auch hier verwenden Sie die Farbleiste zur Farbwahl.
- Gefällt Ihnen eine Änderung nicht, nehmen Sie diese mit ↩ zurück ❼.
- Sind Sie zufrieden mit dem Ergebnis, klicken Sie auf *Senden* ▶.

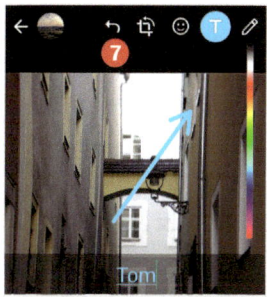
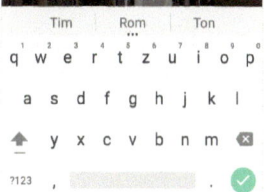

Die Veränderungen, die Sie hier vornehmen, werden nicht in der Originaldatei gespeichert. Das ursprüngliche Bild steht auf Ihrem Smartphone auch weiterhin zur Verfügung.

Nachrichten, Fotos & mehr austauschen

Gesprochene Nachrichten versenden

Mit der Aufnahmetaste rechts neben dem Nachrichtenfeld können Sie Sprachnachrichten aufnehmen und sofort versenden. Diese Handhabung ist besonders bei jüngeren WhatsApp Nutzern beliebt.

- **Aufnahme starten:** Zum Aufnehmen halten Sie die Aufnahmetaste ❶ gedrückt und sprechen Ihre Nachricht. Sobald Sie die Taste loslassen, wird die Nachricht sofort versendet.

- **Aufnahme verwerfen:** Falls Sie während des Sprechens entscheiden, die Sprachnachricht nicht zu versenden, halten Sie die Aufnahmetaste weiterhin gedrückt und wischen nach links.

- **Mehr Bequemlichkeit:** Bei längeren Nachrichten ist es angenehmer die Aufnahmetaste zu sperren, so dass diese nicht die ganze Zeit gehalten werden muss. Tippen Sie dazu auf die Aufnahmetaste und ziehen diese nach oben ❷. Zum Versenden der Nachricht tippen Sie jetzt auf ❸. Falls Sie die Nachricht nicht übermitteln möchten, wählen Sie *Abbrechen*.

Fotos, Videos und Audio versenden

 Musiktitel verschicken

Sie können auch Ihre Lieblingsmusik einem Freund schicken.

- Wählen Sie zunächst den Chat aus und tippen Sie im Nachrichtenfeld auf 📎 und dann auf *Audio*.

- Bei *Aktion auswählen* tippen Sie auf *Musiktitel auswählen* ❹ (siehe Bild auf der vorherigen Seite).

- Alle Audiodateien (mp3), die auf Ihrem Smartphone gespeichert sind, werden angezeigt. Wählen Sie ein Musikstück oder eine andere Sounddatei durch Antippen aus. Dadurch wird der Titel abgespielt. Unter Umständen müssen Sie die Lautstärke erhöhen.

- Um die Audiodatei zu versenden, wählen Sie *OK*.

 Dokumente versenden

Mit WhatsApp versenden Sie schnell ein PDF, ein Word-Dokument, eine Excel-Tabelle etc. Die Datei muss auf Ihrem Smartphone gespeichert sein.

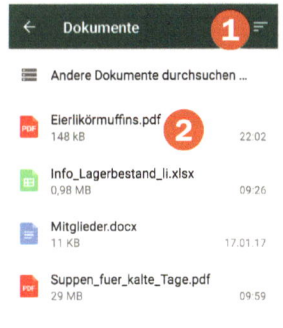  

… Nachrichten, Fotos & mehr austauschen

- Wählen Sie den Kontakt aus, dem Sie eine Datei schicken möchten und tippen Sie im Nachrichtenfeld auf 📎 und dann auf *Dokument*.

- Sie erhalten eine Aufstellung aller auf dem Smartphone gespeicherten Dokumente. Die Liste ist standardmäßig alphabetisch sortiert. Tippen Sie auf ☰ ❶ (siehe Bilder auf der vorherigen Seite), um eine Sortierung nach Datum auszuwählen. Zusammen mit der Datei wird auch die Dateigröße angezeigt.

- Wählen Sie die Datei ❷ durch Antippen aus und bestätigen Sie mit *Senden* ❸. Bei großen Dateien kann der Upload durchaus etwas Zeit in Anspruch nehmen. Der grüne Kreis ❹ gibt Auskunft über den Übertragungsfortschritt.

Medien erhalten

Ob Medien wie Fotos, Videos, Audiodateien und Dokumente automatisch nach Erhalt heruntergeladen und angezeigt werden, hängt von zwei Faktoren ab: Ihren Einstellungen bei *Daten- und Speichernutzung* und ob Sie mit einem WLAN verbunden sind oder nicht. Dazu mehr auf Seite 124.

Texte und Sprachnachrichten werden immer heruntergeladen. Den Download (d. h. das Übertragen und Speichern der Daten auf Ihrem Smartphone) der anderen Medien müssen Sie unter Umständen bestätigen. Dazu tippen Sie auf das Element ❶.

Fotos anzeigen

Zum Betrachten von Bildern ist das Chat-Fenster meist ausreichend. Durch Antippen des Fotos wird dieses gesondert dargestellt. Erhalten Sie mehrere Bilder auf einmal, so werden diese zusammengefasst. Tippen Sie die Zusammenstellung ❷ an, um die Fotos der Reihe nach zu betrachten. Sie verlassen die Einzelansicht wieder durch Anklicken des Pfeils links ❸ oben.

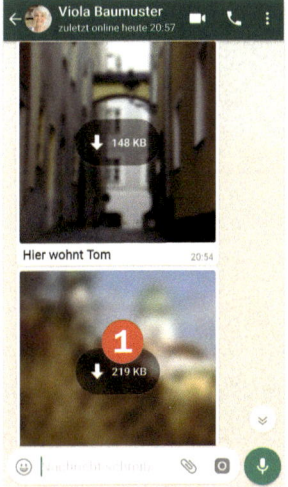   

Dokumente öffnen

Zur Anzeige des Inhalts übersandter Dateien muss die entsprechende App auf Ihrem Smartphone installiert sein. Stehen verschiedene Apps zur Verfügung, wählen Sie eine Standardapp beim ersten Öffnen der Datei aus.

Tippen Sie das PDF an ❶ und wählen eine der angebotenen Apps aus. Der Google-Drive-PDF-Viewer ❷ sollte auf Ihrem Gerät installiert sein. Den Adobe Acrobat PDF Reader können Sie beispielsweise aus dem PlayStore herunterladen.

Der Inhalt des PDFs wird angezeigt. Streichen Sie vertikal über das Display, um durch das PDF zu blättern. Durch das Auseinanderziehen zweier Finger auf dem Display vergrößern Sie die Anzeige des PDFs. Ziehen Sie die Finger zusammen, um die Anzeige wieder zu verkleinern.

Nachrichten, Fotos & mehr austauschen

Audiodatei und Sprachnachricht abspielen

- Der empfangene Musiktitel wird direkt im Chat-Fenster durch Anklicken von ▶ abgespielt und mit ‖ angehalten.

- Gleiches gilt für die Sprachnachricht. Für sie wird das Profilbild des Absenders angezeigt. Wenn Sie die Nachricht abspielen, können diese alle Umstehenden mithören. Während das beim Abspielen eines Musiktitels eher unproblematisch ist, ist dieser Umstand bei einer Sprachnachricht Ihnen vielleicht unangenehm. Hier hilft ein kleiner Trick: Starten Sie die Wiedergabe und halten Sie dann das Telefon ans Ohr, als würden Sie telefonieren. Dadurch wird die Nachricht nur auf dem oberen Lautsprecher übertragen. Natürlich können Sie auch Kopfhörer anschließen.

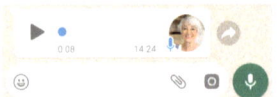 

Fotos, Videos und Audio versenden

Video abspielen

Das Video wird durch Antippen ❶ in einem neuen Fenster abgespielt. Sie können das Video jederzeit durch Antippen pausieren ❷ und durch dieselbe Handhabung weiter anschauen. Nach Betrachten eines Videos kehren Sie über das Pfeil-Symbol links oben ❸ wieder zum Chat zurück.

Beim ersten Anzeigen eines Videos muss unter Umständen eine App ausgewählt werden, mit der das Video abgespielt werden soll.

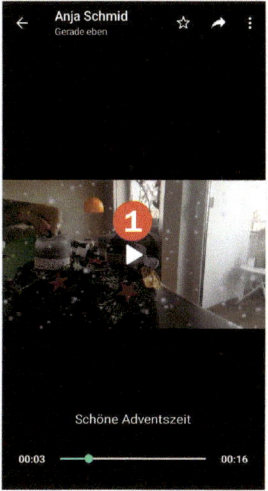 

> Es ist möglich, dass Sie nach Erhalt eines Videos warten müssen, bis es vollständig heruntergeladen ist. Erst dann können Sie es ganz betrachten. Wenn das Video noch nicht vollständig heruntergeladen ist, wird anstelle der Videodauer im linken unteren Eck der Downloadfortschritt angezeigt.

2.4 Adresse oder Telefonnummer versenden

Kontaktdaten versenden

Sie möchten gerne eine Telefonnummer oder die Adresse eines Freundes schnell an einen anderen übermitteln? So geht's :

- Zeigen Sie den Chat der Person an, an die Sie eine Telefonnummer etc. übermitteln möchten, tippen Sie auf das Büroklammer-Symbol und wählen *Kontakt* ❶ aus.

- Der Inhalt der App *Kontakte*, also des Adressbuchs, wird angezeigt. Tippen Sie den gewünschten Kontakt oder auch mehrere an ❷. Wählen Sie dann .

- Im nächsten Schritt entscheiden Sie für jeden ausgewählten Kontakt, welche Informationen zu diesem versendet werden sollen. Deaktivieren Sie ggf. die Auswahl der Information durch Antippen der entsprechenden Häkchen ❸.

- Tippen Sie unten rechts auf . Der Kontaktname wird im Chat-Fenster angezeigt ❹.

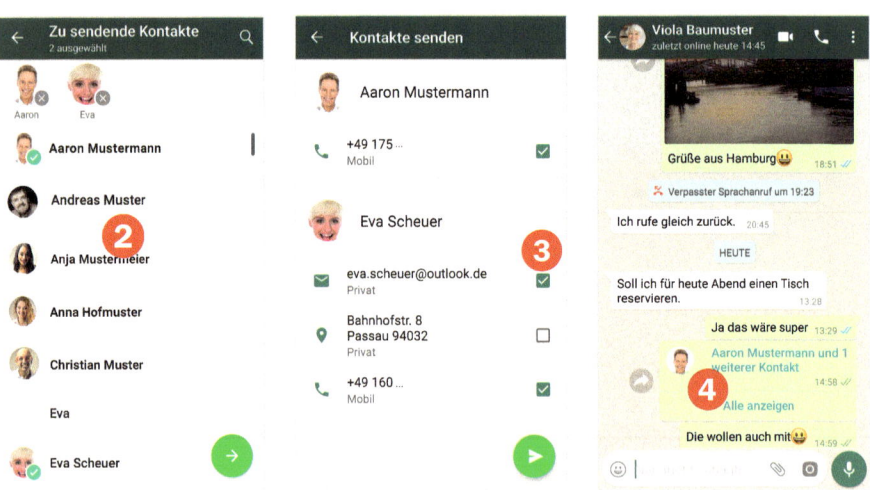

Adresse oder Telefonnummer versenden

Kontaktdaten erhalten

Zugesandte Kontakte werden direkt im Chat-Fenster mit dem Namen des Kontakts angezeigt. Sie unterscheiden sich in der Darstellung, bedingt durch die Art der übersandten Informationen.

- Bei einzeln versandten Kontakten wird der Befehl *Kontakt hinzufügen* ❶ beim Kontakt angezeigt. Tippen Sie diesen an, um den Kontakt zu Ihrem Adressbuch hinzuzufügen. Dabei erhalten Sie die Möglichkeit einen vorhandenen Kontakt zu ergänzen oder einen neuen zu erstellen ❷. Diese Vorgehensweise haben Sie bereits auf Seite 26 kennengelernt. Wird beim übersandten Kontakt *Einladen* angezeigt, ist diese Nummer nicht bei WhatsApp gelistet. Diese Person nutzt WhatsApp bis jetzt nicht.

- Haben Sie mehrere Kontakte erhalten, tippen Sie auf *Alle anzeigen* ❸. Mit *Hinzufügen* ❹ speichern Sie die Kontaktinformationen im Adressbuch.

- Unter Umständen müssen Sie die Kontaktliste aktualisieren, um die neu hinzugefügten Kontakte verwenden zu können (siehe Seite 22).

 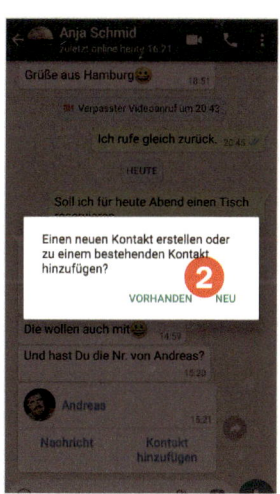 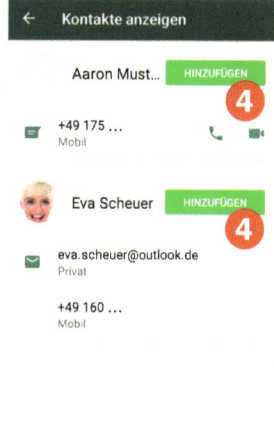

Wird für den Kontakt ein Bild angezeigt, handelt es sich entweder um ein Foto, das im Adressbuch des Versenders hinterlegt wurde oder um das Profilbild des Kontakts, welches als „für jedermann sichtbar" eingestellt wurde. Mehr dazu auf Seite 112.

2.5 Wo bin ich? Standort verschicken

Sie sitzen in einem Café und Ihr Freund weiß nicht wohin. Dann schicken Sie doch einfach via WhatsApp eine Wegbeschreibung. Um Ihren Standort bestimmen zu können, muss am Smartphone GPS (GPS - Global Positioning System – System zur Positionsbestimmung) eingeschaltet sein.

Standortinformation versenden

- Zeigen Sie den WhatsApp Kontakt an, der erfahren soll, wo Sie sich gerade befinden. Tippen Sie dann auf und wählen Standort 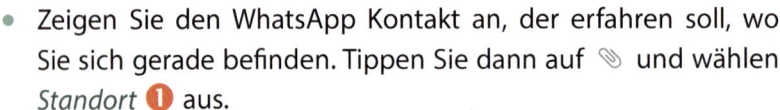 aus.

- Im nächsten Schritt müssen Sie erlauben, dass WhatsApp Zugriff auf Ihren Standort erhält. Ohne Vergabe der Berechtigung können Sie diese Funktion nicht nutzen. Tippen Sie auf *Weiter* und bestätigen Sie die nächste Abfrage mit *Zulassen*.

- Tippen Sie anschließend auf *Aktuellen Standort senden* ❷. Falls Sie in einem Café, Restaurant, Geschäft etc. sind, ist es möglich, dass dieses für den aktuellen Standort angezeigt wird ❸, sofern die einzelnen Unternehmen den eigenen Standort bei Google Maps hinterlegt haben. Dann tippen Sie auf diesen Eintrag. Der Standort wird dadurch versandt.

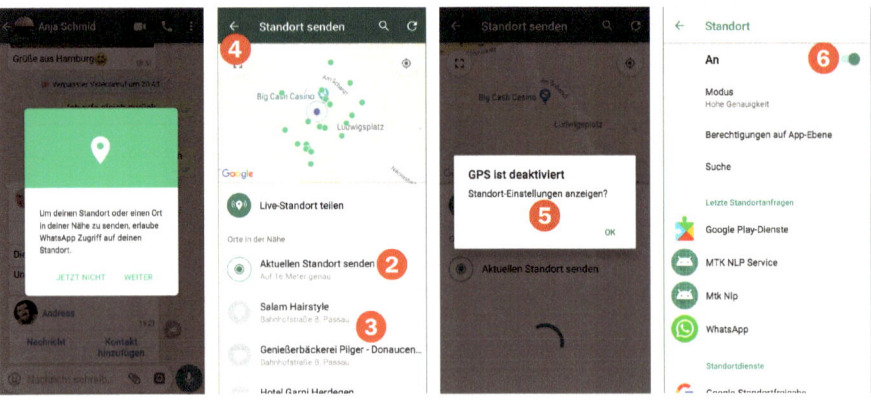

Wo bin ich? Standort verschicken

- Falls Sie Ihren Standort doch nicht versenden möchten, kehren Sie zum Chat zurück, indem Sie oben links auf den weißen Pfeil ❹ tippen.

- Unter Umständen erhalten Sie diese Fehlermeldung ❺. Tippen Sie dann auf *OK*. Dadurch werden automatisch die Standorteinstellungen Ihres Smartphones aufgerufen und Sie können GPS durch Ziehen des Reglers ❻ aktivieren. Tippen Sie dann auf die Zurück-Taste, um wieder WhatsApp anzuzeigen.

Zum übersandten Treffpunkt navigieren

- Zur Anzeige der Wegbeschreibung tippen Sie die Standortnachricht ❶ an. Unter Umständen werden verschiedene Apps zur Anzeige angeboten; ich verwende für das folgende Beispiel *Maps* von Google. Tippen Sie die App an.

- Um eine Wegbeschreibung anzuzeigen, tippen Sie auf *Route* ❷. Wählen Sie dann oben das entsprechende Symbol je nachdem, ob Sie mit dem Auto oder zu Fuß unterwegs sind.

- Die Route zum Treffpunkt wird angezeigt. Zur audiovisuellen Navigation drücken Sie auf *STARTEN* ❸.

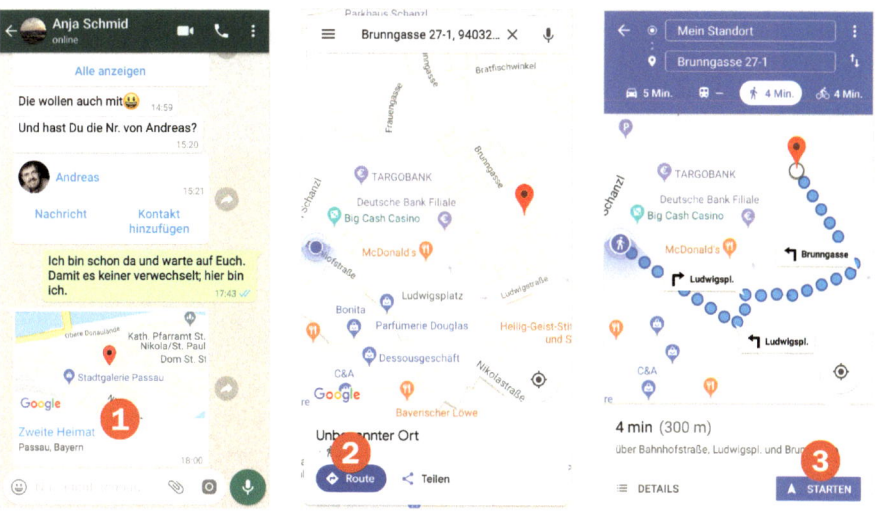

Live-Standort teilen

Im Gegensatz zur einfachen Standortnachricht, die die Position nur einmal weitergibt, wird der Live-Standort aktualisiert, d. h. die Freunde, mit denen Sie Ihren Live-Standort teilen, sehen in Echtzeit, wo Sie sich befinden. Ich nutze diese Funktion beispielsweise, wenn ich jemanden besuche oder abhole. Vor der Fahrt aktiviere ich den Live-Standort für die Person. Diese sieht dann, wo ich mich befinde, weiß, dass ich mich verspäte und kann sich rechtzeitig vor die Tür stellen. So geht`s:

- Tippen Sie im passenden Chat auf 🖇 und wählen *Standort* aus. Wählen Sie dann *Live-Standort teilen* ❶.

- Tippen Sie einen Zeitraum an ❷, für den Sie die Information übertragen möchten. Sie können die Übermittlung jederzeit manuell unterbrechen. Falls gewünscht, fügen Sie eine kurze Nachricht hinzu und tippen Sie dann auf Senden ▶.

> Wenn Sie vor Ablauf der gewählten Zeit die Standortübermittlung beenden möchten, tippen Sie auf *Teilen beenden* ❸.

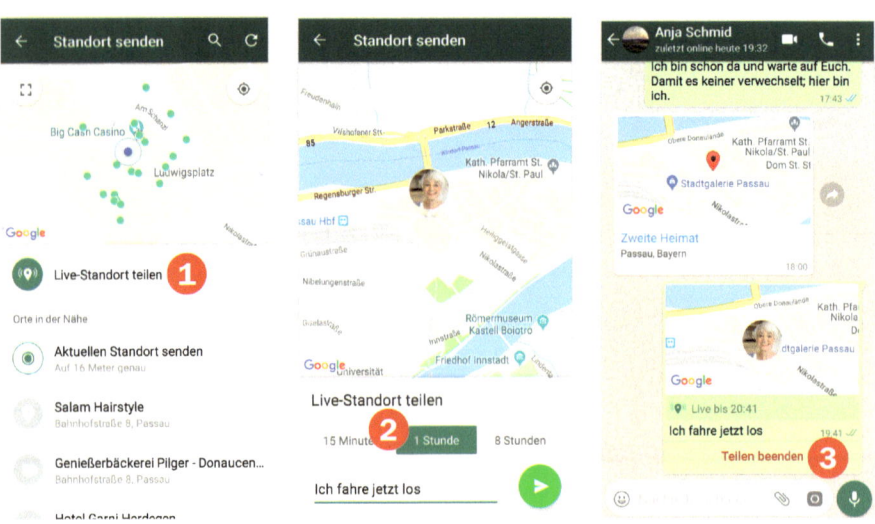

> Link zu einer Webseite versenden

Als Empfänger eines geteilten Live-Standorts erhalten Sie eine Nachricht im Chat. Tippen Sie hier auf *Live-Standort ansehen* ❹, um nachzuvollziehen, wo sich die Person gerade befindet.

2.6 Link zu einer Webseite versenden

Möchten Sie Freunde schnell auf eine interessante Webseite aufmerksam machen, dann gehen Sie so vor:

- Zeigen Sie die Seite im Browser Ihres Smartphones an und tippen oben rechts auf Teilen oder tippen auf das Menü-Symbol und wählen dann *Teilen* aus. ❶.

- Wenn Sie öfter an den Freund schreiben, wird der WhatsApp-Kontakt ❷ vielleicht schon oben angezeigt, sonst tippen Sie auf *WhatsApp* ❸, suchen den Kontakt im nächsten Schritt aus ❹ und bestätigen mit . Wählen Sie im Anschluss *Senden* aus.

Der Empfänger der Nachricht kann nun durch Antippen des Links ❺ ganz leicht die betreffende Seite an seinem Smartphone anzeigen.

 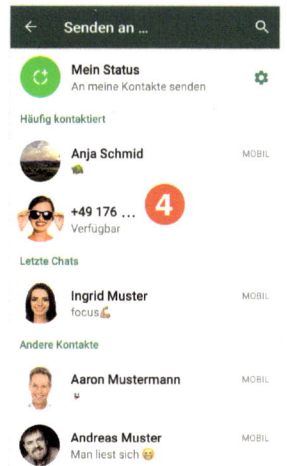 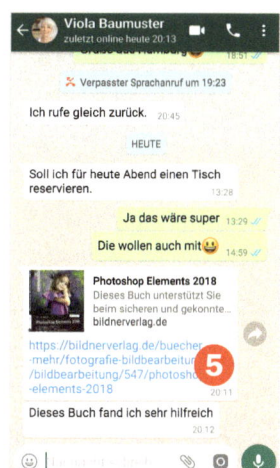

> Nachrichten, Fotos & mehr austauschen

2.7 Sprach- und Videoanrufe

Mit WhatsApp können Sie Familie und Freunde anrufen und dabei optional ein Video übertragen. Grundsätzlich ist es sinnvoll Sprach- oder Videoanrufe zu tätigen, wenn Ihr Smartphone mit einem WLAN verbunden ist, da sonst das Datenvolumen Ihres Mobilfunkvertrags belastet wird. Ein einminütiges WhatsApp Telefonat ohne Videoübertragung mindert Ihr Datenvolumen um ca. 1 MB, zeigen Sie dazu noch ein Video an, verbrauchen Sie ca. 5 MB. Ein schmales Datenvolumen ist dann schnell verbraucht.

Sollten Sie mit Ihrem Mobilfunkvertrag sowieso kostenlos in alle deutschen Netze telefonieren können, dann benötigen Sie WhatsApp Sprachanrufe eigentlich nicht. Die Möglichkeit der Übertragung von Videos macht die Funktion aber dennoch interessant. Für Gespräche ins Ausland kann die Verwendung von WhatsApp nützlich sein. Dazu muss allerdings sichergestellt werden, dass keiner der Teilnehmer Roaming-Gebühren bezahlt. Wenn Sie sich mit einem WLAN verbinden, vermeiden Sie diese Problematik.

Freunde anrufen

- Zeigen Sie den Bereich *ANRUFE* an und tippen unten rechts auf die Schaltfläche *Neuer Anruf* ❶. Hier starten Sie durch Antippen des Telefon- bzw. Video-Symbols neben dem gewünschten Kontakt ein Gespräch.

- Sobald die Verbindung zum Angerufenen hergestellt wurde, erscheint der Hinweis *Anruf verbunden* und die aktuelle Verbindungszeit ❷ wird angezeigt. Bei einem Sprachanruf wird das Profilbild des Angerufenen übertragen. Bei einem Videoanruf sehen Sie zunächst Ihr eigenes Gesicht. Gegebenenfalls können Sie mit die Kamera wechseln. Nach Verbindungsaufbau wird der Angerufene ❸ angezeigt und in einem kleineren Fenster Ihre eigene Übertragung. Falls die Position des kleinen Fensters stört, können Sie dieses während des Telefonats antippen. Belassen Sie den Finger auf dem Display und ziehen Sie das Fenster an eine beliebige Stelle.

Sprach- und Videoanrufe

- Ein WhatsApp Sprachanruf kann über die entsprechende Schaltfläche stumm geschaltet ❹ werden bzw. kann die Unterhaltung für Umstehende hörbar via Lautsprecher ❺ vollzogen werden. Naturgemäß verwendet der Videoanruf immer den Lautsprecher zur Audioübertragung, weshalb diese Option dann nicht zur Verfügung steht.

Wenn Sie einen Videoanruf tätigen, dann werden die Symbole auf dem Display nach kurzer Zeit ausgeblendet, damit Sie den Teilnehmer besser sehen können. Wenn Sie auflegen möchten, müssen Sie zur Anzeige der Symbole kurz das Display antippen.

> **Tipp:** Ein Anruf kann auch aus einem persönlichen Chat gestartet werden. Zeigen Sie den Chat mit dieser Person in WhatsApp an und tippen Sie rechts oben auf das Telefon-Symbol für einen Sprachanruf oder das Kamera-Symbol für einen Videoanruf.

Eine weitere Person zu einem Videoanruf hinzufügen

Zu einem laufenden Videoanruf kann eine weitere Person hinzugefügt werden. Dabei ist es unerheblich, ob Sie der Anrufende sind oder ob Sie angerufen wurden. Beiden Personen steht die Funktion zu Verfügung. Durch Anklicken von ![icon] rechts oben wird die Kontaktliste angezeigt. Durch Antippen eines Kontakts wird dieser angerufen.

Einen Anruf annehmen oder abweisen

- Zur Annahme eines Sprachanrufs tippen Sie das grüne Telefon-Symbol ❶ an und ziehen es zur Mitte. Wenn Sie den Anruf abweisen möchten, vollziehen Sie die gleiche Handhabung mit dem roten Telefon-Symbol. Bei einem Sprachanruf wird das Profilbild übertragen. Bei einem Videoanruf wischen Sie anolog am blauen Video-Symbol ❷. Bei einem Anruf wird automatisch die Frontkamera aktiviert und sobald Sie den Anruf annehmen ein Video übertragen.

- Wenn Sie einen Anruf momentan nicht entgegennehmen können, wischen Sie das Chat-Symbol ❸ nach oben und wählen einen der angebotenen Texte aus. Dadurch wird der Anruf abgelehnt und gleichzeitig die ausgewählte Nachricht versendet.

- Auf verpasste Anrufe werden Sie durch die Anzeige der Anzahl der verpassten Anrufe im Bereich *ANRUFE* ANRUFE ❶ aufmerksam gemacht. Auch im Chat mit der Person erscheint ein entsprechender Hinweis ❹.

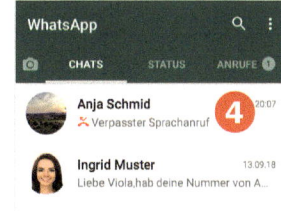

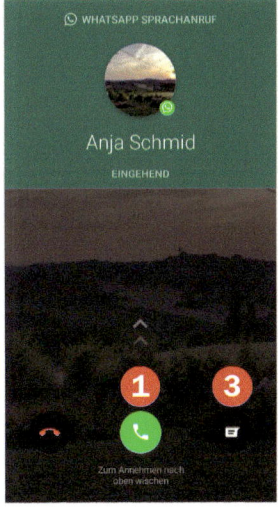 

Anrufliste und Anrufe verwalten

- Im Bereich *ANRUFE* erhalten Sie eine Anrufliste. Hier sind alle ein- und ausgehenden Anrufe verzeichnet und mit einem Datum versehen. Über das Telefon- bzw. Video-Symbol ❶ können Sie den Freund gleich zurückrufen.

- Verpasste Anrufe sind mit einem roten Pfeil ❷ gekennzeichnet. Anrufe, die Sie getätigt haben, sind mit einem grünen Pfeil nach oben ❸ markiert. Dabei ist es unerheblich, ob das Telefonat zustande gekommen ist oder nicht. Angenommene Anrufe sind mit einem grünen Pfeil nach unten ❹ versehen.

- Die Anrufliste können Sie von Zeit zu Zeit löschen. Dazu öffnen Sie das Menü und wählen *Anrufliste leeren* aus.

Nachrichten, Fotos & mehr austauschen

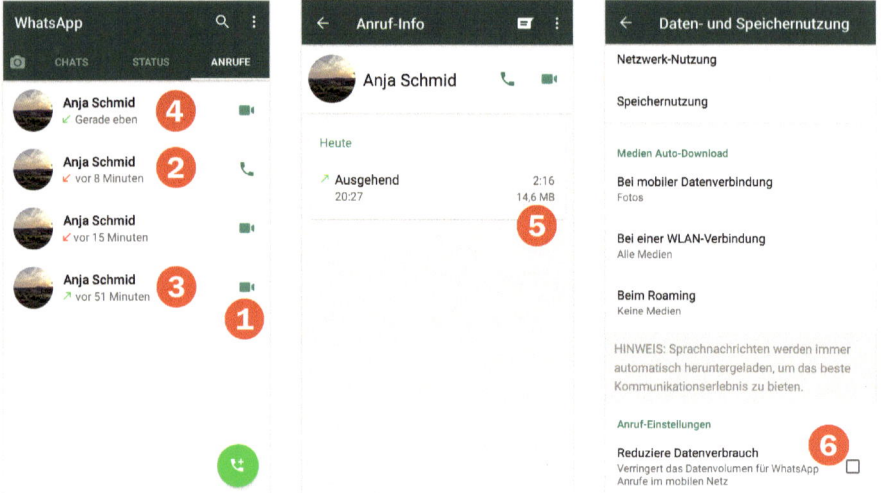

- Für genauere Informationen zu den einzelnen Anrufen tippen Sie einen Teilnehmer in der Anrufliste an. Die *Anruf-Info* wird angezeigt. Falls der Anruf zustande gekommen ist, sehen Sie die Anrufdauer (in unserem Beispiel 2:16) und das verbrauchte Datenvolumen (14,6 MB) ❺ (siehe Bild oben Mitte) des Anrufs. In der Anruf-Info können Sie einen Kontakt auch blockieren. Tippen Sie auf das Menü ⋮ und wählen Sie *Blockieren* aus. Mehr zur Blockierung erfahren Sie auf Seite 120.

- Wer bei einem Anruf ohne WLAN-Verbindung sein Datenvolumen schonen möchte, geht so vor: Zeigen Sie zunächst einen WhatApp Bereich an (*CHAT*, *ANRUFE* oder *STATUS*). Wählen Sie im Menü ⋮ *Einstellungen* ▸ *Daten- und Speichernutzung* aus und setzen durch Antippen des Kästchens ein Häkchen bei *Reduziere Datenverbrauch* ❻ (siehe Bild oben). Die Einsparung geht natürlich zu Lasten der Qualität.

Kapitel 03
Freunde gemeinsam informieren

> Freunde gemeinsam informieren

3.1 Nachrichten in einer Gruppe austauschen

WhatsApp bietet die Möglichkeit, Kontakte zu einer Gruppe zusammenzufassen. Das ist praktisch, z. B. zur Koordination von Fahrgemeinschaften, um zu entscheiden, wer was zu einer Grillparty mitbringen oder um alle Großeltern mit den besten Bildern der Enkel zu begeistern. Mit einem Gruppenchat erhalten alle Teilnehmer schnell alle Nachrichten & Fotos und antworten automatisch auch allen.

Gruppenchat erstellen und erhalten

Einen Gruppenchat erstellen

1. Zeigen Sie den Bereich *CHATS* an. Tippen Sie auf das Menü : rechts oben und wählen Sie *Neue Gruppe* ❶ aus. Alternativ tippen Sie auf die Schaltfläche *Neuer Chat* und tippen hier auf *Neue Gruppe* .

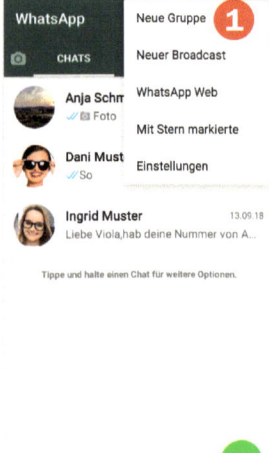

2. Fügen Sie der Gruppe zunächst Teilnehmer hinzu. Dazu tippen Sie in der angezeigten Kontaktliste jeden gewünschten Teilnehmer an. Die aufgenommenen Teilnehmer werden oben angezeigt ❷. Durch Antippen von *x* kann ein versehentlich hinzugefügter Teilnehmer wieder aus der Gruppe entfernt werden.

3. Tippen Sie dann auf   und geben Sie einen Betreff für die Gruppe ein. Dieser darf 25 Zeichen lang sein. Tippen Sie ggf. auf das Bild-Symbol ❸, um ein Bild auszuwählen (*Galerie*) oder ein Foto zu knipsen (*Kamera*). Tippen Sie dann auf .

Nachrichten in einer Gruppe austauschen

4   Im rechten Bild sehen Sie den Gruppenchat, wie er beim Initiator des Chats angezeigt wird. Zum Gruppenchat "Martinsgans" gehören die Teilnehmer Andreas, Anja, Manuela und Du - der Ersteller des Chats ❹. Sie können jetzt Ihre erste Nachricht eingeben ❺.

> In einem Gruppenchat geben Sie die Telefonnummern der Teilnehmer in der Gruppe bekannt. Das ist nicht immer gewünscht, vor allem, wenn sich die Gruppenmitglieder untereinander nicht kennen. Vielleicht ist ein Broadcast (wird hier noch besprochen) die bessere Lösung.

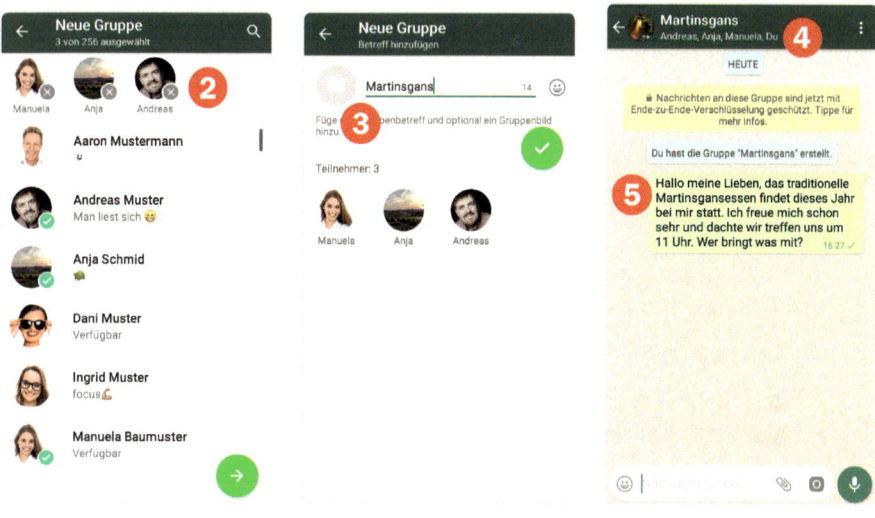

Gruppenchat erhalten

Für die eingeladenen Teilnehmer wird der Gruppenchat automatisch im Bereich *CHATS* ❻ (Abbildung nächste Seite) angezeigt. Nachrichten und andere Medien können wie gewohnt ausgetauscht werden. Im Bild ❼ sehen Sie die Anzeige des Gruppenchats bei einer Teilnehmerin (Manuela). Eine Telefonnummer wird angezeigt, da die Nummer dieses Gruppenmitglieds nicht im Adressbuch der Teilnehmerin gespeichert ist.

Freunde gemeinsam informieren

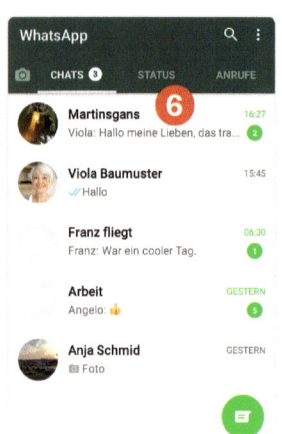
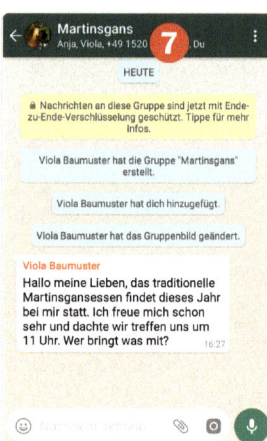

> Wenn Sie von jemandem zu einem Gruppenchat hinzugefügt wurden, dessen Telefonnummer nicht in Ihrer App Kontakte hinterlegt ist, erhalten Sie die Option *Gruppe verlassen* ❽.

Alle Informationen zur Gruppe erhalten Sie über die **Gruppeninfo**. Diese zeigt die Gruppenmitglieder an und stellt Bearbeitungsoptionen zur Verfügung. Um die Gruppeninfo einzusehen, zeigen Sie den Gruppenchat an und tippen dann oben auf den Bereich, der den Gruppennamen enthält. Streichen Sie vertikal über den Bildschirm, um alle Informationen durchzusehen.

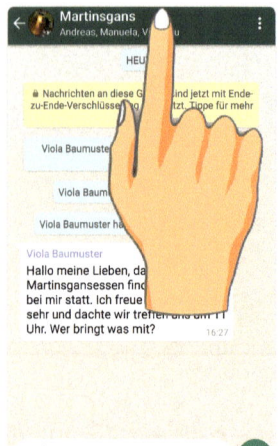

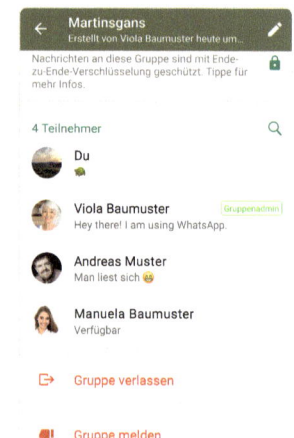

Nachrichten in einer Gruppe austauschen

Gruppenbeschreibung

Zu jeder Gruppe kann vom Initiator oder einem Teilnehmer eine Beschreibung hinterlegt werden. Dazu tippen Sie in der Gruppeninfo auf *Gruppenbeschreibung hinzufügen* ❾, geben einen Text ein und bestätigen diesen mit *OK*. Sicherlich kommen die meisten Gruppenchats ohne eine Beschreibung aus. In solchen mit vielen Teilnehmern, z. B. einem Vereinschat, kann es sinnvoll sein, hier wichtige Informationen, Ansprechpartner etc. zu hinterlegen.

So ergänzen Sie Telefonnummern fehlender Gruppenkontakte

Als Teilnehmer einer Gruppe kann es vorkommen, dass die Kontaktdaten eines anderen Mitglieds nicht in Ihrem Adressbuch gespeichert sind. Dann wird anstelle des Namens der Person die Nummer angezeigt. Wenn Sie möchten, können Sie die Telefonnummer in Ihrem Adressbuch speichern, notwendig zum Austausch von Gruppennachrichten ist es nicht. So geht's:

- Zeigen Sie die Gruppeninfo des Chats an.

- Tippen Sie auf den Teilnehmer, dessen Nummer Sie hinzufügen möchten und wählen Sie entweder *Zu Kontakten hinzufügen* oder *Zu bestehenden Kontakt hinzufügen* aus.

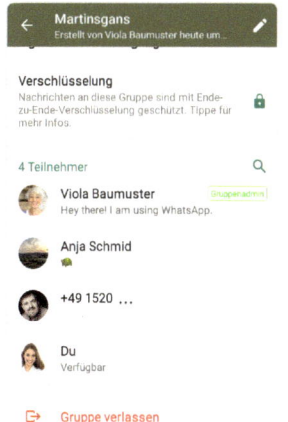 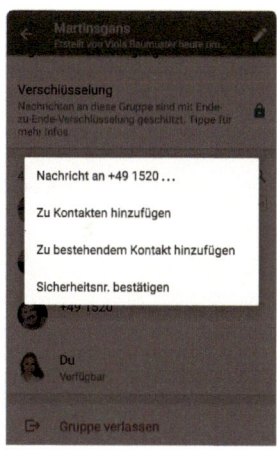

Freunde gemeinsam informieren

Besonderheiten im Gruppenchat

Auf eine bestimmte Nachricht antworten

In einem Chat antworten Sie eigentlich immer auf das zuletzt Geschriebene. Wenn Sie eine Anmerkung zu einer weiter zurückliegenden Nachricht verfassen möchten, wird das schnell unverständlich. Sie können aber Ihrer Nachricht eine Kopie der Originalnachricht hinzufügen. So geht's:

- Tippen Sie die Originalnachricht etwas länger an. Dadurch wird sie markiert und die Bearbeitungsleiste angezeigt.
- Tippen Sie auf das Symbol *Antworten* ↰ ❶. Die Nachricht wird jetzt erneut in den Chat eingefügt und die Bildschirmtastatur angezeigt.
- Tippen Sie Ihren Text ein und versenden Sie diesen wie gewohnt.

Falls Sie die Nachricht doch nicht versenden und den Vorgang abbrechen möchten, tippen Sie auf das *x* ❷.

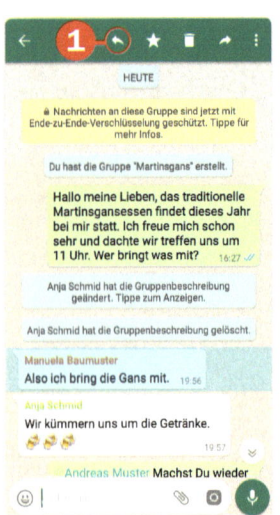
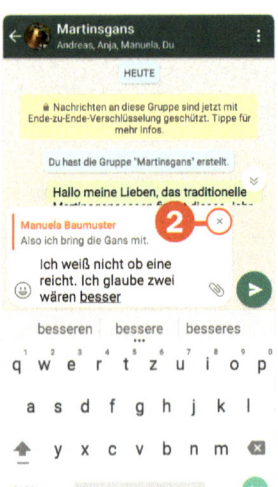

Wichtiger Hinweis: Diese Funktion steht auch für Einzelchats zur Verfügung. Im Gruppenchat wird sie nur häufiger genutzt.

Nachrichten in einer Gruppe austauschen

Bestimmte Person im Gruppenchat ansprechen

Um einen Teilnehmer im Gruppenchat direkt anzusprechen, verwenden Sie diese zeitsparende Funktion:

- Tippen Sie in das Nachrichtenfenster das @-Zeichen ein. Eine Liste der Mitglieder des Gruppenchats ❶ wird angezeigt. Wählen Sie die Person durch Antippen aus.

- Geben Sie dann den eigentlichen Text ein ❷ und tippen Sie auf Senden ▶.

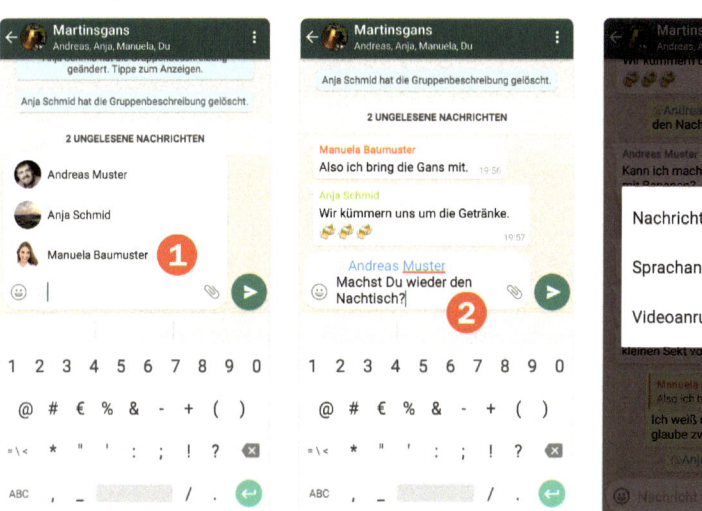

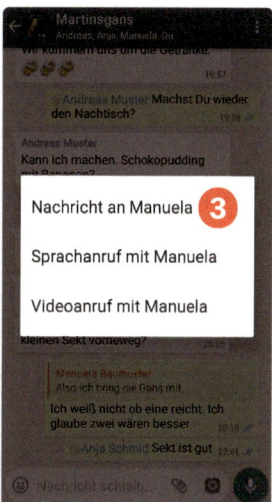

Schnell vom Gruppenchat in einen Einzelchat wechseln

Sie befinden sich gerade im Gruppenchat und möchten das Gespräch mit dieser Person lieber im Einzelchat fortsetzen? So wechseln Sie schnell:

Tippen Sie im Gruppenchat auf den Namen der Person. Ein neues Fenster wird angezeigt. Hier tippen Sie auf Nachricht an XY ❸ (Abbildung oben rechts). Damit wechseln Sie zum Einzelchat. Diese Aktion erfordert etwas Fingerspitzengefühl.

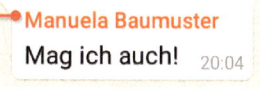

Herrscher der Gruppe - Gruppenadmin

Jede Gruppe hat mindestens einen **Gruppenadministrator**. Dieser ist mit zusätzlichen Bearbeitungsbefugnissen ausgestattet, wie das Hinzufügen und Entfernen von Teilnehmern oder das Festlegen weiterer Administratoren. Gruppenadmin wird automatisch die Person, die den Chat erstellt hat.

Um herauszufinden, wer Gruppenadmin ist, öffnen Sie die *Gruppeninfo* und scrollen nach unten, um die Teilnehmer der Gruppe anzuzeigen. Mindestens eine Person hat den Zusatz *Gruppenadmin*.

Weitere Gruppenadministratoren benennen

Als Gruppenadmin steht Ihnen innerhalb der *Gruppeninfo* die Option *Gruppeneinstellungen* ❶ zur Verfügung. Tippen Sie diese an. Hier können Sie durch Auswahl von *Gruppenadmins bearbeiten* ❷ einen oder mehrere Teilnehmer der Gruppe mit Administrationsrechten ausstatten. Tippen Sie die Person, die auch Administrationsrechte erhalten soll, an und bestätigen Sie mit ✓.

Auf demselben Weg können Sie durch Anklicken von ❸ den Adminstatus auch widerrufen.

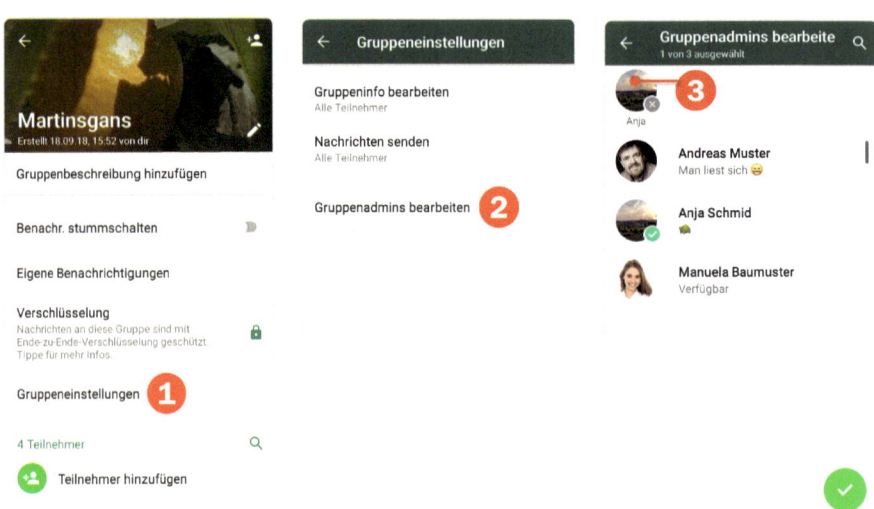

Nachrichten in einer Gruppe austauschen

> Die neuen Administratoren haben nun dieselben Rechte wie der Initiator der Gruppe, bis auf eine kleine Ausnahme: Sie können dem Ersteller der Gruppe nicht den Admin-Status nehmen, der Initiator den neuen Admins schon.

Rechte der Teilnehmer festlegen

Ebenfalls in den *Gruppeneinstellungen* ❶ legen Sie fest, welche Rechte die Teilnehmer der Gruppe haben.

- Bei *Gruppeninfo bearbeiten* entscheiden Sie, ob jeder ❷ den Betreff, das Gruppenbild oder die Beschreibung ändern darf oder nur die Administratoren. Bestätigen Sie Ihre Auswahl mit *OK*.

- Bei *Nachrichten senden* bestimmen Sie, ob alle Teilnehmer Nachrichten senden dürfen oder nur Administratoren. Auch hier bestätigen Sie mit *OK*.

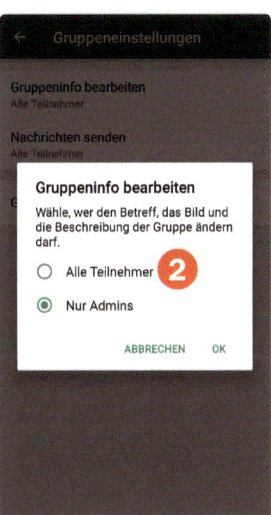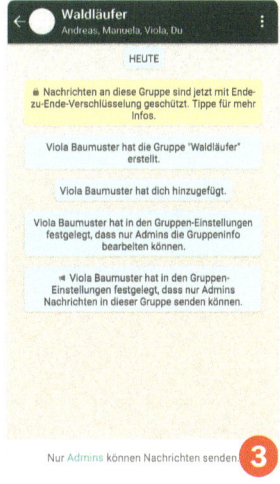

Für einen Chat unter Freunden werden sicherlich alle Teilnehmer Nachrichten senden dürfen. Interessant sind beide Optionen zur Einschränkung von Teilnehmerrechten in Chats mit offiziellerem Charakter. Dazu ein Beispiel: Als Leiter einer Sportgruppe haben Sie einen Gruppenchat erstellt, um die Termine zu koordinieren. Auf die Information "Der Waldlauf fällt wegen Regens leider heute aus" möchten Sie vielleicht keine Antworten, wie z. B. "Dachte ich mir schon" oder "Schade".

Für Chats dieser Art kann es sinnvoll sein, den Teilnehmern nur ein Leserecht einzuräumen und zu unterbinden, dass jeder das Gruppenbild wechseln darf. Als Gruppenadmin können Sie die Gruppeneinstellungen jederzeit verändern.

Teilnehmer der Gruppe werden im Chat über die Rechtevergabe informiert. Wenn keine Schreibrechte vorliegen, wird das Nachrichtenfeld nicht angezeigt ❸ (Abbildung vorherige Seite). Wichtige Nachrichten können vom Teilnehmer einer Gruppe dem Gruppenadministrator immer noch im Einzelchat übersandt werden.

Betreff und Gruppenbild ändern

Ob alle Teilnehmer oder nur der Gruppenadministrator Betreff und Gruppenbild verändern darf, hängt von den Einstellungen der Gruppe ab.

- Zum Ändern des Betreffs tippen Sie oben auf die *Gruppeninfo* und dann auf ✏️, ändern den Text ❶ und bestätigen die Änderung mit *OK*.
- Zum Ändern des Bilds zeigen Sie wiederum die Gruppeninfo an, tippen dann auf das Bild und auf ✏️ ❷.

Nachrichten in einer Gruppe austauschen

Personen hinzufügen bzw. entfernen

Manchmal stellt man fest, dass noch einer fehlt! Das ist kein Problem, da eine Gruppe auch im Nachhinein noch um Teilnehmer erweitert werden kann. Allerdings kann nur der Gruppenadministrator Personen hinzufügen oder aus dem Chat entfernen.

Weitere Teilnehmer ergänzen

Zum Hinzufügen eines weiteren Mitglieds zu einer bestehenden Gruppe gehen Sie so vor:

- Zeigen Sie den Gruppenchat an und öffnen Sie die Gruppeninfo ❶.
- Tippen Sie dann rechts oben auf 😊 oder unten auf *Teilnehmer hinzufügen* ❷.
- Ihre Kontakte werden angezeigt. Hier sehen Sie, wer schon zur Gruppe gehört. Wählen Sie die gewünschte Person durch Antippen ❸ aus und bestätigen Sie mit ✓. Stimmen Sie der folgenden Abfrage mit *OK* zu.

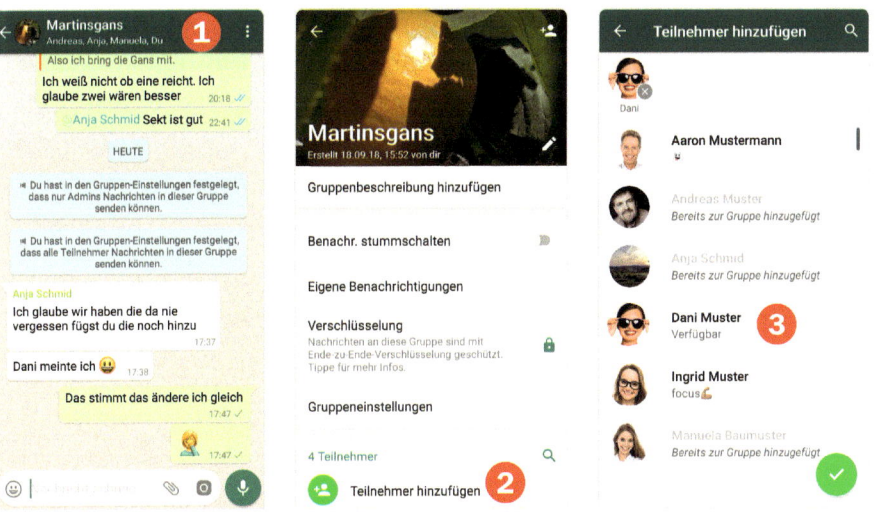

Der neue Teilnehmer sieht keine Nachrichten, die vor seinem Beitritt versendet wurden.

Freunde gemeinsam informieren

Teilnehmer löschen

Zum Entfernen einer Person aus der Gruppe zeigen Sie die Gruppeninfo an und tippen auf den gewünschten Kontakt. Im nächsten Schritt wählen Sie *XY entfernen* aus. Jede Person kann natürlich immer sich selbst eigenständig aus dem Chat entfernen. Dazu gleich mehr.

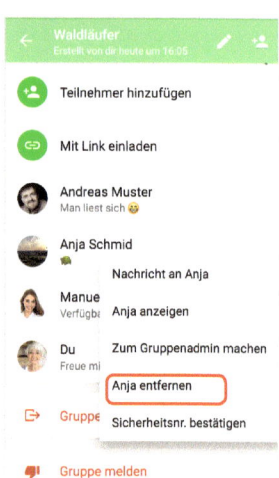

Einen Gruppenchat verlassen und die Gruppe löschen

Jeder Teilnehmer entscheidet für sich, ob er Teil eines Chats bleiben möchte. In der Regel kann man eine Gruppe verlassen und diese aus dem *CHAT*-Bereich löschen oder zumindest archivieren (Archivierung siehe Seite 99), wenn das Ereignis, z. B. der Wochenendausflug oder das Martinsgansessen, vorüber ist. So verhindern Sie „Gruppenleichen":

> Sie können eine Gruppe nur löschen, wenn Sie diese zuvor verlassen haben.

- Öffnen Sie den Gruppenchat und zeigen Sie die *Gruppeninfo* an.

- Tippen Sie auf *Gruppe verlassen* ❶ (siehe Grafik nächste Seite) und bestätigen Sie mit *Verlassen* ❷. Die Gruppe wird zwar im Chat noch angezeigt, allerdings können jetzt keine Nachrichten mehr gelesen oder hinzugefügt werden.

- Die verbliebenen Mitglieder werden im Gruppenchat über den Austritt informiert: *XY hat die Gruppe verlassen* ❸. Falls der Gruppenadministrator einen Chat verlässt, erhält ein anderes Gruppenmitglied Administrationsrechte.

Nachrichten in einer Gruppe austauschen

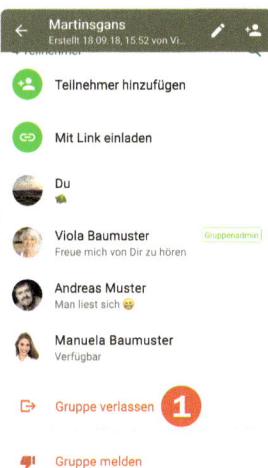

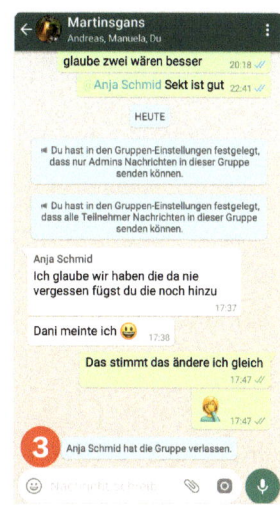

- Tippen Sie dann auf *Gruppe löschen* ❹, um diese auch aus Ihrer Übersicht zu entfernen. Bei Bestätigung der Löschung entscheiden Sie, ob Medien, die Sie in diesem Chat erhalten haben (Fotos, Videos, Audiodateien etc.) von Ihrem Smartphone gelöscht werden sollen ❺ oder ob Sie diese behalten möchten.

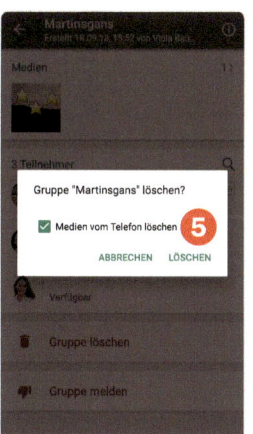

> Freunde gemeinsam informieren

3.2 Broadcast: Eine Nachricht an viele senden

Mit einem Broadcast wird eine Nachricht an mehrere Kontakte übermittelt. Im Gegensatz zum Gruppenchat ist es für die angeschriebenen Personen nicht ersichtlich, dass sie gemeinsam kontaktiert wurden. So werden auch nicht die Telefonnummern der Empfänger an andere übermittelt. Ein Broadcast kann an maximal 256 Kontakte versendet werden. Die Antworten der Einzelnen erhält nur der Ersteller des Broadcasts.

Broadcast versenden und empfangen

Broadcast erstellen und verschicken

- Zeigen Sie den Bereich *CHATS* an, öffnen Sie das Menü ❸ und wählen Sie *Neuer Broadcast*.
- Eine Liste aller Kontakte erscheint ❶. Tippen Sie die Kontakte an, die einen Broadcast erhalten sollen. Ihre Auswahl wird oben ❷ angezeigt.
- Kontrollieren Sie die Auswahl. Durch Antippen des *X* können Teilnehmer aus der Liste auch wieder gelöscht werden. Zum Fertigstellen der Liste verwenden Sie ✅.
- Jetzt können Sie, wie gewohnt, eine Nachricht oder ein Foto etc. gleichzeitig an alle Teilnehmer Ihres Broadcasts ❸ verschicken.

> **Achtung!** Dieser kleine Hinweis ❹ wird leicht übersehen: Personen, denen Sie einen Broadcast senden, müssen Ihre Handynummer im Adressbuch (App Kontakte) gespeichert haben. Hat der Broadcast-Empfänger Ihre Handynummer nicht gespeichert, erhält er auch den Broadcast nicht.

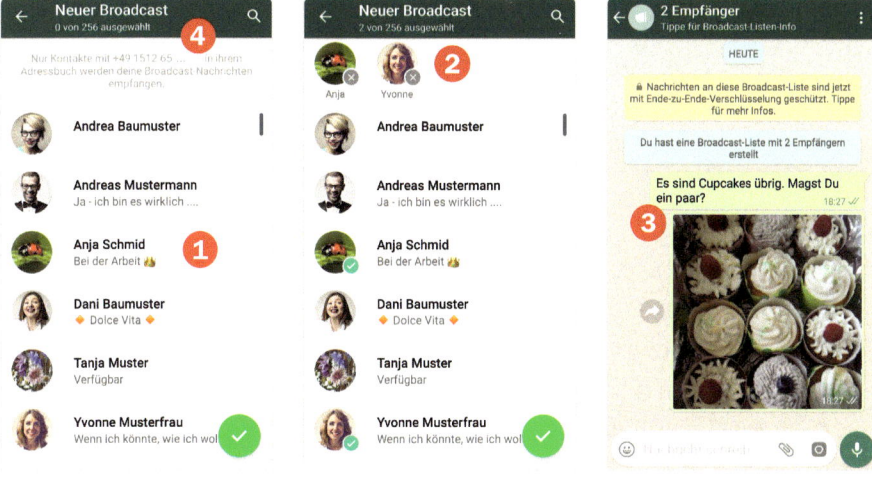

Empfänger eines Broadcasts sein

Für die angeschriebenen Broadcast-Empfänger erscheint die Nachricht unter dem Namen des Absenders im Einzelchat ❶ (In unserem Beispiel ist die Absenderin des Broadcasts Eva Scheuer). Der Empfänger eines Broadcasts sieht nicht, dass er Teil eines Broadcasts ist.

Antworten auf den Broadcast erhalten

Antworten die Empfänger eines Broadcasts, werden diese Nachrichten ebenfalls in den Einzelchats angezeigt ❷. Die Broadcast-Liste ❸, die nur beim Absender des Broadcast angezeigt wird, enthält die ursprüngliche Nachricht und die Namen der Empfänger, sonst nichts.

Der Absender eines Broadcasts erkennt im Einzelchat Nachrichten, die als Antwort auf seinen Broadcast versendet wurden, an diesem Zeichen 📢 ❹.

Freunde gemeinsam informieren

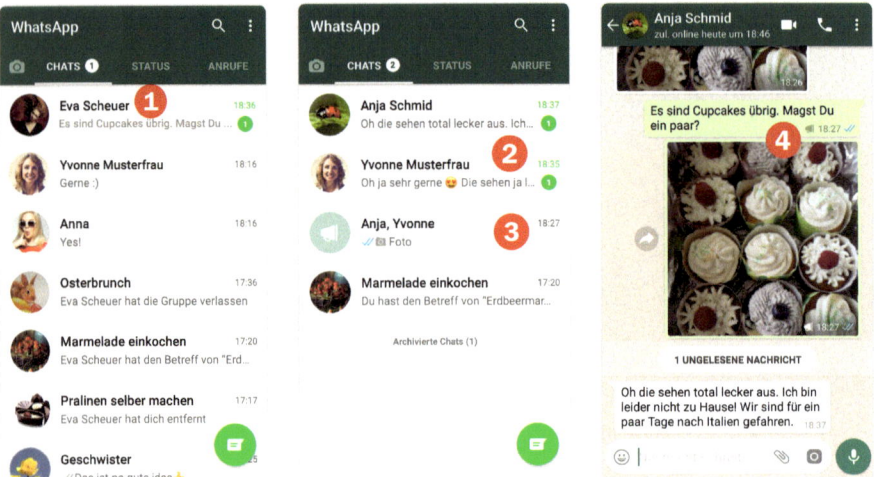

Im Bild links sehen Sie die Chatübersicht beim Empfänger eines Broadcasts. Das Bild in der Mitte ist die Chatübersicht des Absenders eines Broadcasts mit Antworten der Empfänger.

Broadcast verwalten

Wenn Sie nur schnell eine Nachricht an eine Reihe von Personen senden wollten, ist der Broadcast damit erledigt und kann gelöscht werden. Dient der Broadcast dazu beispielsweise demselben Personenkreis regelmäßig etwas zu senden, dann sollten Sie dem Broadcast einen Namen geben, um Verwechslungen vorzubeugen. Die Bearbeitungsmöglichkeiten des Broadcasts sind Ihnen schon aus den Gruppenchats geläufig.

Um Änderungen vorzunehmen, zeigen Sie die Broadcast-Liste an und tippen oben auf den oberen Bereich ❶. Dadurch wird die Broadcast-Listen-Info angezeigt. Hier sehen Sie, welche Personen Empfänger des Broadcasts sind.

- **Broadcast löschen:** Tippen Sie auf *Broadcast-Liste löschen*.

Broadcast: Eine Nachricht an viele senden

- **Weitere Personen hinzufügen:** Tippen Sie auf 👥 oder auf *Empfänger bearbeiten* ❷.

- **Broadcast-Liste benennen:** Tippen Sie auf ✏️, um eine Bezeichnung einzutragen.

- **Personen aus der Liste löschen**: Tippen Sie den gewünschten Empfänger an und wählen Sie *XY von der Broadcast-Liste entfernen*.

- Wenn Sie wissen möchten, welche Medien Sie via Broadcast versendet haben, zeigen Sie den Broadcast an, öffnen das Menü ⋮ und wählen *Medien der Broadcast-Liste* ❸.

3.3 Status - Fotos für alle

Im Bereich *Status* zeigen Sie für die Dauer von 24 Stunden allen Freunden gleichzeitig eine Auswahl von einem oder mehreren Fotos oder Videos an. Nach Ablauf der Zeit endet die Anzeige automatisch. Viele nutzen den Bereich, um Freunde über aktuelle Aktivitäten zu informieren, ohne jemanden direkt ansprechen zu müssen. Andere posten Sprüche oder fotografieren ihr Abendessen. Zwar können auch Statusmeldungen kommentiert werden, doch das wird nicht erwartet. Da der Status in einem separaten Bereich angezeigt wird, können Sie bei Lust und Laune mal reinschauen.

Wer darf meine Statuseinträge sehen?

Bevor Sie einen Status zusammenstellen, sollten Sie entscheiden, für welchen Personenkreis dieser angezeigt werden soll, da sich Einstellungsveränderungen nicht auf einen bereits gesendeten Status auswirken.

- Tippen Sie im Hauptbildschirm auf *Status* und rufen Sie dann *Menü* ▶ *Status-Datenschutz* auf. Unter Umständen werden die Datenschutz-Einstellungen auch als grün hinterlegtes Feld, wie im linken Bild zu sehen, eingeblendet. Dann können Sie auch diese anklicken. Nach der ersten Verwendung verschwindet dieses Feld allerdings.

- Standardmäßig werden die Bilder, die Sie bei *Status* hinterlegen, allen Kontakten, also allen Personen, die in Ihrem Adressbuch gespeichert sind, angezeigt. Sie können nun entweder einzelne Personen von der Anzeige ausnehmen - *Meine Kontakte außer...* - oder nur die Freunde auswählen, die den Status erhalten sollen - *Nur teilen mit...*.

Status - Fotos für alle

- Im Beispiel haben wir die Option *Meine Kontakte außer...* gewählt und nehmen drei Personen durch Antippen von der Anzeige aus. Diese erhalten die Statusmeldungen nicht.

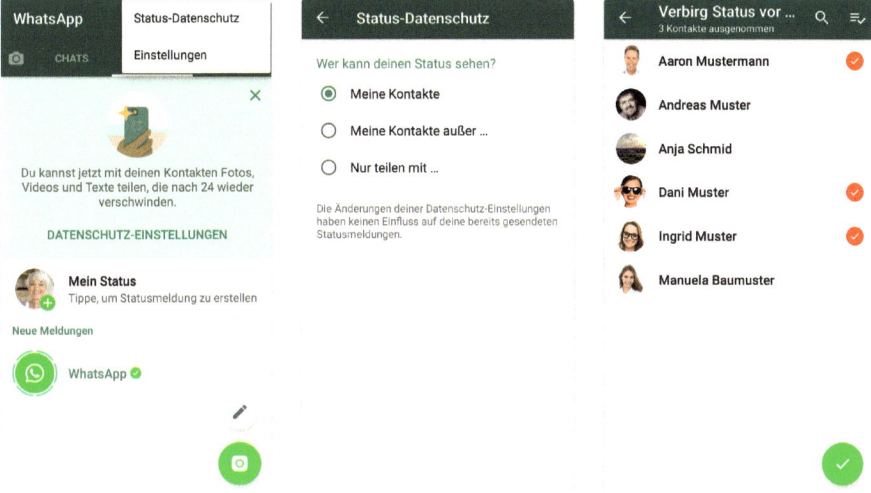

Eigenen Status erstellen und bearbeiten

- Zeigen Sie den Bereich *STATUS* an und tippen Sie dann auf ❶, um einen Statustext einzugeben. Mit ❷ fügen Sie Emojis hinzu. Die Schriftart ändern Sie mit ❸ und die Hintergrundfarbe mit ❹. Beide Schaltflächen müssen mehrfach angetippt werden, um durch die einzelnen Optionen zu wechseln.

- Tippen Sie auf ❺, um ein Foto zu knipsen oder ein Video aufzunehmen. Wie das geht haben Sie schon in Kapitel 2 erfahren. Natürlich können Sie auch ein bereits vorhandenes Foto oder Video auswählen. Wischen Sie dazu vertikal über das Display ❻. Wählen Sie ein oder mehrere Elemente durch Antippen aus und bestätigen Sie mit *OK*.

77

Freunde gemeinsam informieren

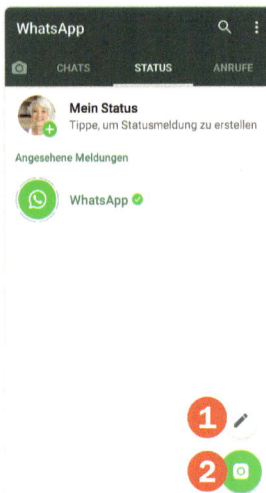

- Falls gewünscht, fügen Sie eine Beschriftung ❼ (siehe Bild auf der nächsten Seite) ein und tippen dann auf Senden ▶.

- Sie können den Vorgang wiederholen, um weitere Videos oder Fotos dem Status hinzuzufügen.

- Zur Überprüfung Ihres Status tippen Sie auf *Mein Status* ❽. Hier sehen Sie die hinterlegten Videos und Fotos als eine Art Diashow. Falls Sie die Anzeige vorzeitig verlassen möchten, tippen Sie auf den Pfeil links oben.

- Über ⋯ ❾ zeigen Sie die einzelnen Elemente Ihres Status an. Falls Sie ein Statuselement löschen möchten, tippen Sie dieses in der Übersicht etwas länger an und wählen in der Bearbeitungsleiste das Löschen-Symbol ❿. Um den Status zu verlassen, tippen Sie auf den Pfeil links oben ←.

Status - Fotos für alle

- Hier sehen Sie auch, wie viele Freunde Ihre Statusmeldung schon betrachtet haben. Durch Antippen des Eintrags sehen Sie, wer wann Ihren Status gesehen hat.

- Freunde konnen Ihre Statusbilder kommentieren. Diese Antworten erscheinen nicht im Bereich *STATUS*, sondern werden im Einzelchat angezeigt.

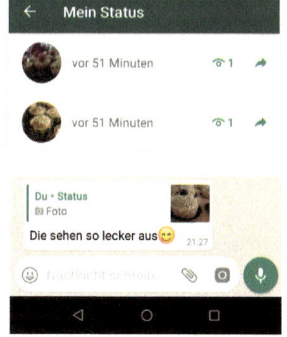

Status von Freunden betrachten

Statusmeldungen von Freunden werden im Bereich *STATUS* unter dem eigenen angezeigt. Auf neue Inhalte wird durch einen Punkt hinter *STATUS* hingewiesen STATUS •.

- Durch Antippen betrachten Sie den Status eines Freundes ❶. Danach wird dieser Status in den Bereich *Angesehene Meldungen* verschoben.

Freunde gemeinsam informieren

- Gefällt Ihnen ein Bild besonders gut, können Sie eine Nachricht zu diesem verfassen. Tippen Sie auf *Antworten* ❷, geben Sie einen Kommentar ein und tippen Sie auf ❸ ▶.

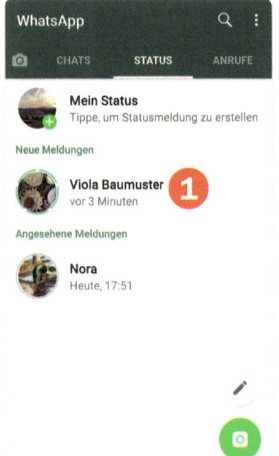

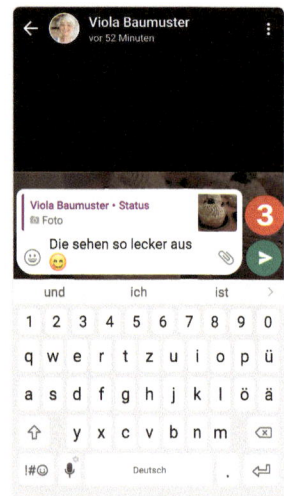

Kapitel 04
Nachrichten verwalten

> Nachrichten verwalten

4.1 Information zu Chats und Empfängern

Wann war der Freund zuletzt online?

Beim Anzeigen eines Kontakts in WhatsApp sehen Sie in der Regel, unter dem Namen des Freundes, wann dieser das letzte Mal online war, also WhatsApp geöffnet hatte. Falls Ihr Freund online ist, also gerade WhatsApp nutzt, wird diese Information durch Anzeige von *online* weitergegeben. Sollte die Person Ihnen in diesem Moment eine Nachricht schreiben, erscheint im Chat *schreibt*. Das gilt auch für den Gruppenchat - hier sehen Sie auch, ob ein Teilnehmer der Gruppe gerade schreibt. WhatsApp nennt diese Funktion den **zuletzt online-Zeitstempel**.

Die gleichen Informationen erhalten Ihre Freunde über Sie! Wer sich hier überwacht fühlt, kann die Informationen zum Teil verbergen. Ob der Kontakt gerade online ist, wird allerdings immer angezeigt. Mehr Informationen dazu erhalten Sie in diesem Kapitel.

Wurde meine Nachricht gelesen?

Ob der Empfänger die Nachricht, das Foto oder die Sprachnachricht erhalten bzw. gelesen hat, finden Sie ganz leicht im Chatfenster heraus:

- Falls Ihre Nachricht noch nicht übermittelt werden konnte, erscheint ein Uhren-Symbol ❶, z. B. wenn Ihr Smartphone momentan nicht mit dem WLAN oder Mobilfunknetz verbunden ist.
- Das erste Häkchen erscheint, sobald die Nachricht versendet wurde ❷. Ist das Smartphone beispielsweise ausgeschaltet, kann noch keine Zustellung erfolgen.
- Das zweite Häkchen zeigt an, dass Ihre Nachricht zugestellt ist ❸.

Information zu Chats und Empfängern

- Sobald die Häkchen blau sind ❹, wurde Ihre Nachricht vom Empfänger gelesen, d. h. der Freund hat Ihren gemeinsamen Chat in WhatsApp angezeigt. Diese Funktion wird als **Lesebestätigung** bezeichnet. Auch sie kann deaktiviert werden.

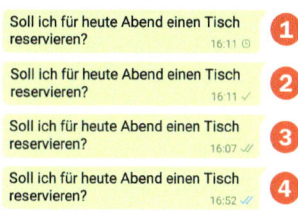

- Auch für die Sprachnachricht gelten diese Regeln. Allerdings werden die blauen Häkchen bereits angezeigt, sobald der Empfänger den Chat öffnet. Das sagt noch nichts darüber aus, ob er die Nachricht auch angehört hat. Deshalb ist bei einer Sprachnachricht, die noch nicht angespielt wurde, das Mikrofon-Symbol beim Absender grün und erst, wenn diese angehört wurde, blau.

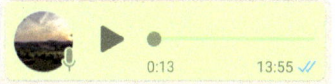 

> **Tipp!** Wenn Sie die Nachricht auf dem Sperrbildschirm oder in der Bearbeitungsleiste betrachten, wird diese nicht in WhatsApp als gelesen markiert. Gleiches gilt für Popup-Benachrichtigungen (siehe Seite 115). Im Beispiel unten wird die Nachricht in der Bearbeitungsleiste ❺ angezeigt. Falls diese nicht ganz sichtbar ist, kann das Feld durch Anklicken von ⌄ erweitert werden. Spätestens jetzt erhalten Sie auch die Schaltfläche für *Als Gelesen markieren*. Durch Antippen informieren Sie den Absender, ohne WhatsApp zu öffnen, dass Sie die Nachricht zur Kenntnis genommen haben. Über die Schaltfläche *Antworten* können Sie auch eine Nachricht senden.

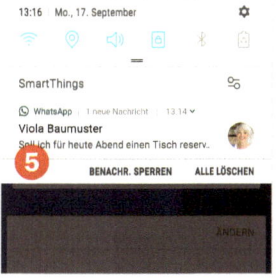  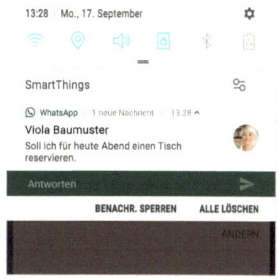

Nachrichten verwalten

Nachrichteninfo für einen Chat

Für genauere Informationen zu einer von Ihnen versendeten Nachricht, einem Foto oder anderen Medien, gehen Sie wie folgt vor:

- Markieren Sie die Nachricht, das Foto etc. im Chat. Dazu tippen Sie etwas länger mit dem Finger darauf ❶.

- Die Bearbeitungsleiste wird am oberen Rand angezeigt. Tippen Sie dann auf Menü ❸ und wählen Sie hier *Info* aus ❷. In der Nachrichteninfo sehen Sie jetzt, wann die Nachricht zugestellt wurde bzw. ob und wann sie gelesen wurde.

- Um wieder zur Übersicht zurückzukehren, tippen Sie auf den Pfeil ❸ links oben.

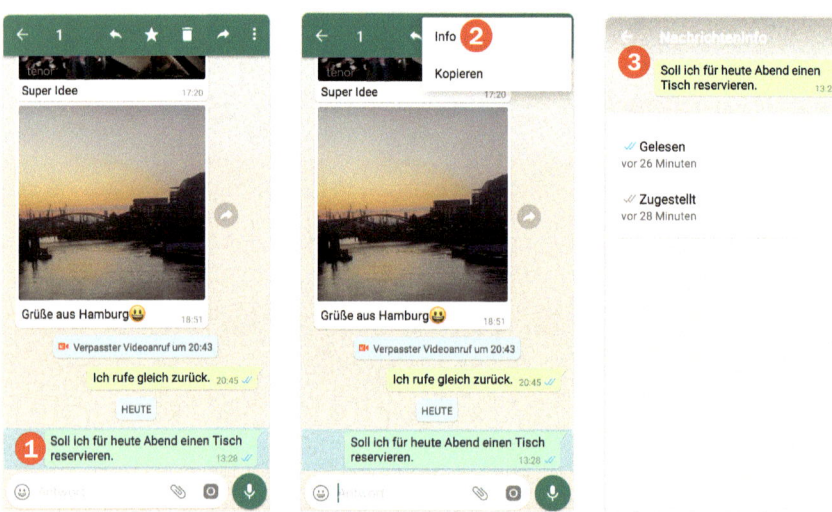

Nachrichteninfo für einen Gruppenchat

Viel interessanter ist die Nachrichteninfo allerdings im Gruppenchat, da hier Nachrichten erst als zugestellt bzw. gelesen gelten (Anzeige von zwei blauen Häkchen), wenn alle Teilnehmer sie erhalten bzw. gelesen haben. In der Nachrichteninfo können dann Informationen zu einzelnen Personen abgefragt werden. Gleiches gilt auch für den Broadcast. Auch hier erfahren

Information zu Chats und Empfängern

Sie über die Nachrichteninfo, ob die Empfänger die Nachricht bereits gelesen haben.

- An zwei von drei Personen wurde die Nachricht zugestellt ❶.

- Bis jetzt hat 1 Person die Nachricht gelesen und 1 Person hat die Nachricht immer noch nicht erhalten ❷.

- Alle Mitglieder des Gruppenchats oder auch eines Broadcasts haben die Nachricht gelesen; jetzt sind auch die Häkchen im Chat blau ❸.

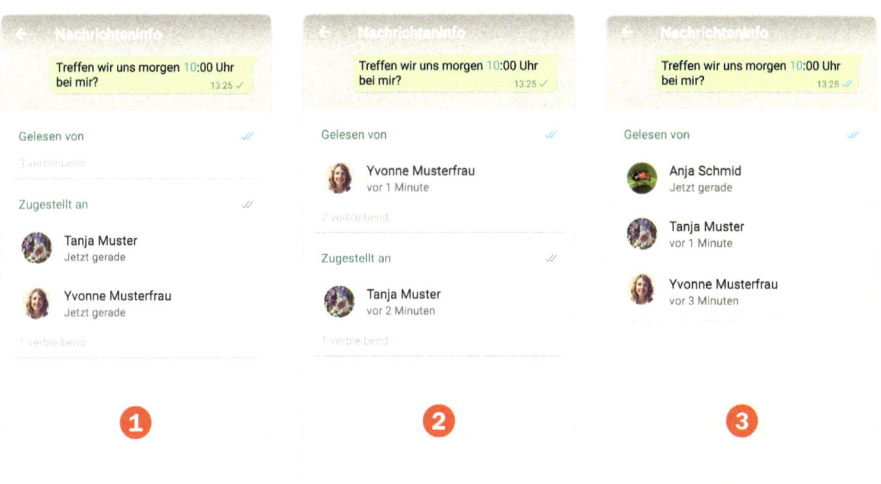

Informationen zu einer Person anzeigen

Wenn Sie ein Foto oder einen gemeinsamen Gruppenchat suchen oder schnell die Telefonnummer eines Freundes anzeigen möchten, verwenden Sie die Kontaktinformationen von WhatsApp.

Zeigen Sie den Kontakt in WhatsApp an und tippen Sie oben in der Bearbeitungsleiste auf den Namen der Person oder wählen Sie *Menü* ▶ *Kontakt anzeigen* aus.

- **Medien:** Bei *Medien* ❶ sehen Sie alle ausgetauschten Bilder, Videos, Links und Dokumente. Dazu gleich mehr auf Seite 89.

Nachrichten verwalten

- **Mit Stern markierte:** ❷ Besondere Nachrichten können mit einem Stern markiert werden, um diese leichter wiederzufinden. Dieser Eintrag wird nur angezeigt, wenn im aktuellen Chat eine Nachricht mit Stern markiert wurde. Dazu gleich mehr auf Seite 92.

- **Telefonnummer:** Im Bereich *Info und Telefonnummer* ist die Handynummer ❸ des Freundes aufgeführt. Über die Symbole wechseln Sie zum Chat oder stoßen einen Sprach- bzw. Videoanruf an.

- **Gruppenchats:** Hier erhalten Sie eine Übersicht aller Gruppenchats ❹, an denen Sie und die ausgewählte Person gemeinsam teilnehmen. Sie können eine Gruppe antippen, um diese anzuzeigen.

- Mit dem Pfeil links oben gelangen Sie wieder zur vorherigen Ansicht.

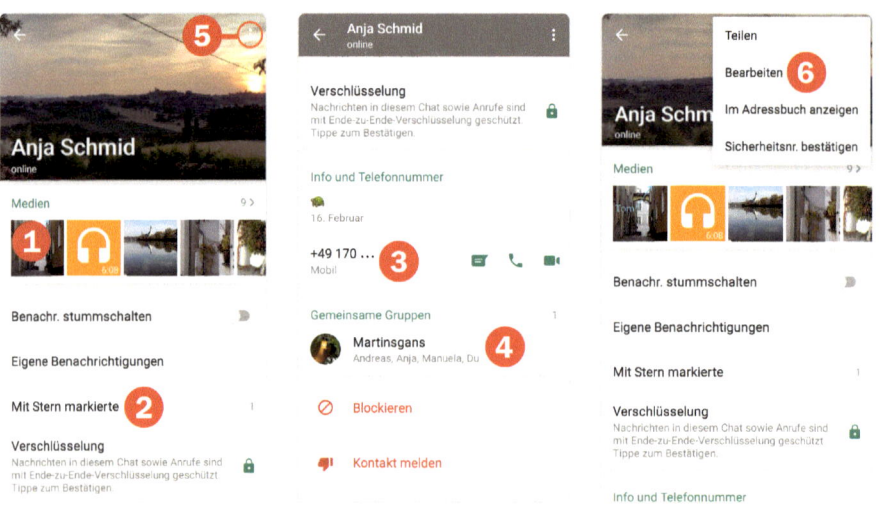

> **Tipp Kontaktdaten bearbeiten!** Falls Sie Änderungen an den Kontaktinformationen vornehmen möchten, tippen Sie rechts oben auf Menü ❺ ▸ Bearbeiten ❻. Dadurch wird die App Kontakte (das Adressbuch Ihres Smartphones) geöffnet. Hier können Sie die Telefonnummer berichtigen, weitere Informationen hinzufügen etc.

4.2 Gesucht und Gefunden

Nach Text in einem Chat suchen

Einmal im Nachrichtenfieber können Chats sehr umfangreich werden. Wer da einen bestimmten Eintrag sucht, muss viel blättern und lesen. Deshalb stellt WhatsApp in Chats, Gruppenchats und Broadcasts über das Menü eine Suchfunktion zur Verfügung.

- Zeigen Sie den Chat an und tippen Sie auf das Menü und dann auf *Suchen* ❶.

- Geben Sie in das Feld den Suchbegriff ein und tippen Sie auf ❷ (Suche aufwärts) oder (Suche abwärts), um die Suche zu starten. Falls der Suchbegriff mehrmals vorkommt, navigieren Sie ebenfalls mit diesen Befehlen zu den einzelnen Treffern.

- Übereinstimmende Begriffe sind zum besseren Auffinden gelb hinterlegt ❸. Um die Suche zu verlassen, tippen Sie links oben auf den Pfeil .

 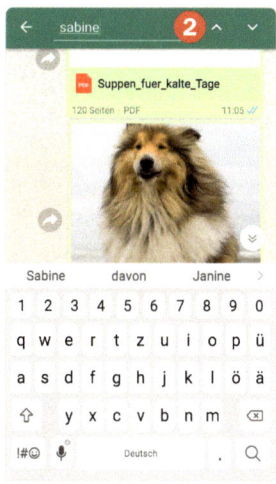 

Nachrichten verwalten

Chats und Anrufe durchsuchen

Wer nicht weiß, in welchem Chat sich das Gesuchte verbirgt, kann auch die einzelnen Bereiche *ANRUFE*, *CHATS*, *STATUS* und die Kontaktliste durchsuchen. Ich verwende die Suche gerne, um einen Chat oder Gruppenchat aufzurufen, den ich in der Übersicht gerade nicht entdecken kann. Dazu geben Sie einfach den Namen der Person oder des Gruppenchats ein. Natürlich können Sie auch nach einem Begriff suchen.

- Zeigen Sie den Bereich an, der durchsucht werden soll, z. B. *CHATS*, und tippen Sie auf das Lupen-Symbol.

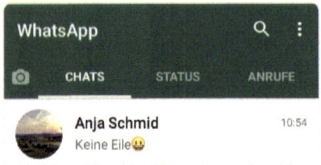

- Geben Sie den Suchbegriff ein. Die Trefferliste wird darunter angezeigt. Durch Antippen wählen Sie das gewünschte Element aus. Wenn Sie die Suche beenden möchten, ohne ein Element auszuwählen, tippen Sie auf den Pfeil links oben.

- Im Bereich *CHATS* werden, wenn Sie nach einem Namen suchen, zunächst die Einzelchats angezeigt, die zu diesem Namen passen, darauf folgen die Gruppenchats. Danach finden Sie eine Liste von Nachrichten, in denen der Name genannt wurde.

Gesucht und Gefunden

Medien eines Chats anzeigen

Sie suchen ein Foto, eine Datei oder einen Link? Anstatt den gesamten Chat-Verlauf durchzublättern, gehen Sie so vor:

- In einem Einzelchat tippen Sie auf *Menü* ⋮ und wählen *Medien* ❶ aus.
- In einem Gruppenchat wählen Sie Menü ⋮ und *Gruppenmedien*.

Hier stehen Ihnen 3 Bereiche zur Verfügung - *Medien*, *Dokumente* und *Links* ❷. Wechseln Sie zwischen den Bereichen durch horizontales Wischen oder Antippen.

Bei *Medien* sehen Sie alle Fotos, Videos und Audiodateien, die Sie von der Person erhalten oder an diesen Freund versendet haben. In *Dokumente* finden Sie alle PDFs, Word-Dateien etc. und in *Links* alle ausgetauschten Weblinks. Durch Antippen öffnen Sie die Datei oder zeigen die Webseite des Links an.

Den Bereich verlassen Sie wieder über das Pfeil-Symbol links oben ❸.

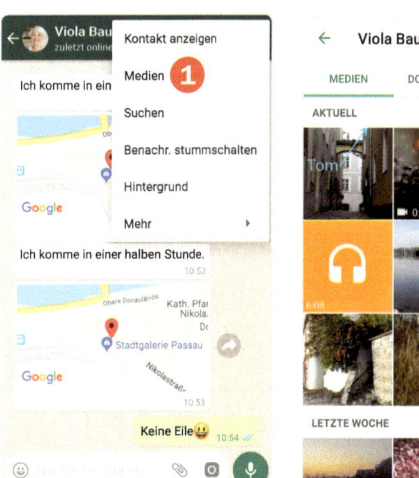
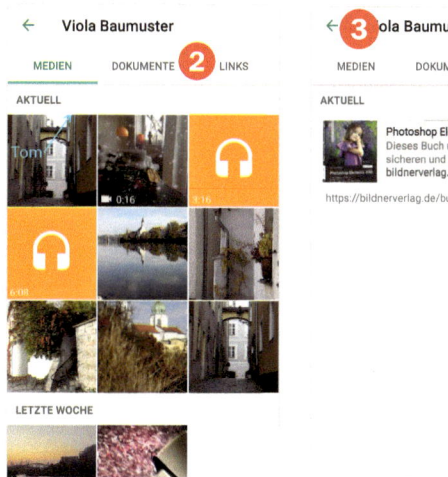

Nachrichten verwalten

4.3 Schneller Zugriff auf wichtige Chats und Nachrichten

Chat anheften

Wie bereits erwähnt, wird an erster Stelle der Nachrichtenliste der Chat angezeigt, in dem Sie zuletzt eine Nachricht versendet bzw. erhalten haben. Soll ein Chat dauerhaft am Anfang der Liste stehen, gehen Sie so vor:

- Tippen Sie den Chat, der oben angeheftet werden soll, etwas länger an. Wählen Sie in der Bearbeitungsleiste den Befehl *Chat fixieren* ❶. Der Chat wird jetzt mit einem Pin-Symbol ❷ angezeigt und nicht mehr verschoben, auch wenn neue Nachrichten eintreffen. Auf diese Weise können bis zu drei Chats angepinnt werden.

- Um die Fixierung eines Chats wieder aufzuheben, wiederholen Sie den Vorgang und tippen erneut auf den Pin ❸ in der Bearbeitungsleiste.

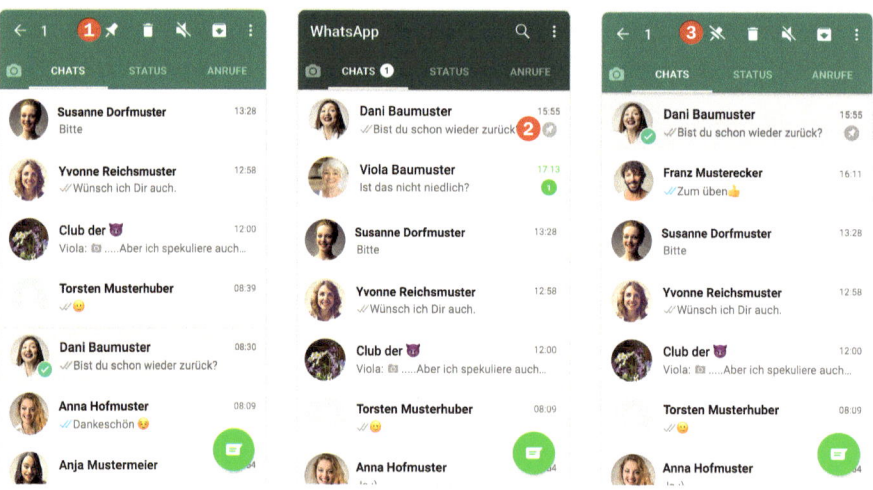

Mit dieser Vorgehensweise können Sie nicht nur Chats mit einer Person, sondern auch Gruppenchats oben fixieren.

Schneller Zugriff auf wichtige Chats und Nachrichten

Chatverknüpfung auf den Startbildschirm

Um viel genutzte Einzel- oder Gruppenchats schnell zur Hand zu haben, legen Sie eine Verknüpfung zu diesen auf den Startbildschirm.

- Zeigen Sie den Chat in WhatsApp an. Öffnen Sie dann das Menü ❶, wählen Sie *Mehr* ❶ und tippen die Option *Verknüpfung hinzufügen* an. Unter Umständen müssen Sie dies nochmals bestätigen. Die Verknüpfung wird dann automatisch auf dem Startbildschirm hinzugefügt.

- Durch Antippen ❷ der Verknüpfung befinden Sie sich sofort im Chat mit dieser Person oder Gruppe.

- Der Startbildschirm besteht in der Regel aus mehreren Seiten, durch die Sie durch horizontales Wischen blättern. Wenn die Verknüpfung auf einer hinteren Seite landet, können Sie diese verschieben. Halten Sie die Verknüpfung gedrückt, ziehen Sie sie an den Rand, um den Seitenwechsel auszulösen und lassen Sie erst los, wenn Sie die passende Position erreicht haben.

- Benötigen Sie die Verknüpfung nicht mehr, dann löschen Sie diese. Tippen Sie den Kontakt auf dem Startbildschirm an, halten diesen gedrückt und ziehen die Verknüpfung auf *Entfernen* oder auf ein entsprechendes Papierkorb-Symbol ❸.

Nachrichten verwalten

Einzelne Nachrichten mit Stern markieren

Einzelne Elemente eines Chats, z. B. ein Foto oder eine Nachricht, können mit einer Markierung versehen werden. Alle markierten Elemente, egal aus welchem Chat, werden dann gemeinsam in einer Liste angezeigt. Das ist eine nützliche Funktion, weil sie so vielseitig einsetzbar ist:

Sie können eine Merkliste erstellen mit Elementen, für die Sie noch etwas erledigen müssen. Oder Sie markieren Elemente, die Sie öfter anzeigen und sonst immer im Chat suchen müssten. Zu guter Letzt können Sie auch einfach Fotos, Videos oder Sprüche markieren, die Sie gut finden und so eine Sammlung schöner Dinge erstellen.

Toller Nebeneffekt: Wenn Sie versuchen einen Chat zu löschen, der mit Stern markierte Nachrichten enthält, erhalten Sie eine Meldung, die auf diesen Umstand hinweist.

Inhalte auswählen

- Markieren Sie die Nachricht, das Foto, die Sprachnachricht etc. durch längeres Antippen.

- Die Bearbeitungsleiste wird angezeigt. Tippen Sie auf das Stern-Symbol. Gleichzeitig erhält das Element einen Stern zur Kennzeichnung.

Schneller Zugriff auf wichtige Chats und Nachrichten

Ausgewählte Inhalte anzeigen

- Zeigen Sie den Bereich *CHATS* an. Über Menü ⋮ ▶ *Mit Stern markierte* öffnen Sie Ihre "Sternliste" ❶.

- **Chat anzeigen, zu dem das Element gehört:** Tippen Sie den einzelnen Eintrag an. Achten Sie darauf, nicht direkt auf das Bild oder die Sprachnachricht zu tippen, sondern rechts neben den Eintrag. Dadurch wird das Element im Einzelchat angezeigt. Mit der Zurück-Taste kommen Sie wieder zur Übersicht.

- **Eintrag aus der Übersicht entfernen:** Markieren Sie das Element durch längeres Antippen. Die Bearbeitungsleiste wird angezeigt. Tippen Sie auf ✦ ❷.

- **Alle Einträge aus der Übersicht entfernen:** Zeigen Sie die Liste an, öffnen Sie das Menü und wählen Sie *Alle Sterne entfernen* ❸ aus. Tippen Sie dann auf *Kein Stern*.

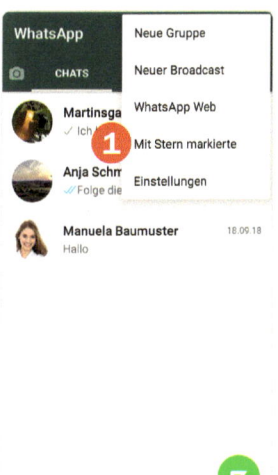

Nachrichten verwalten

Einen Chat als ungelesen markieren

Mit der Funktion *Als ungelesen markieren* versehen Sie einen Chat in der Übersicht erneut mit einem grünen Punkt. Damit erinnern Sie sich beispielsweise daran, dass Sie dem Absender noch eine Antwort schuldig sind oder noch etwas zu erledigen ist. So geht's:

- Tippen Sie den Chat in der Übersicht etwas länger an ❶, bis die Bearbeitungsleiste am oberen Bildschirmrand angezeigt wird.

- Tippen Sie auf das Menü ⋮ und wählen Sie *Als ungelesen markieren* ❷ aus.

- Der Chat wird jetzt in der Übersicht mit einem grünen Punkt ❸ versehen. Sobald Sie den Chat durch Antippen anzeigen, verschwindet die Markierung wieder.

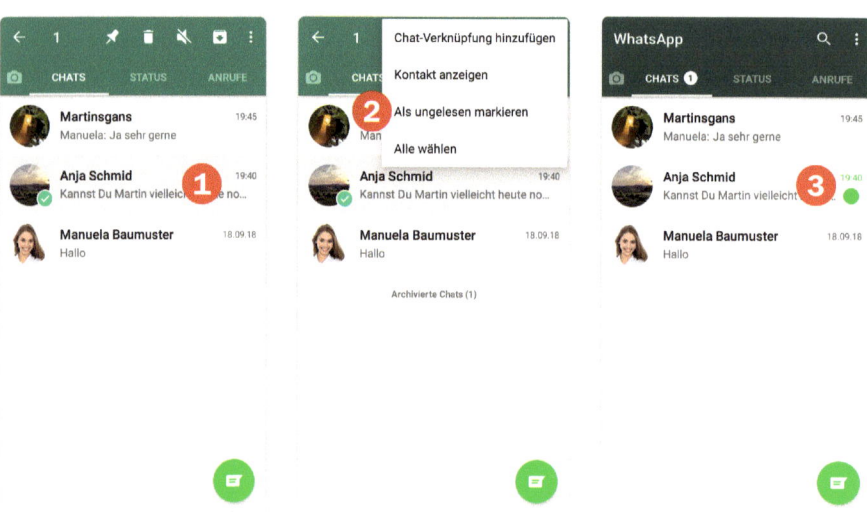

Informationen weitergeben

4.4 Informationen weitergeben

Medien an WhatsApp-Kontakte weiterleiten

Nachrichten, Fotos etc. eines Chats können an einen anderen WhatsApp Kontakt weitergeleitet werden.

- Zum Weiterleiten einer Textnachricht: Markieren Sie die Nachricht durch längeres Antippen im Chat und wählen Sie in der Bearbeitungsleiste *Weiterleiten* ➡ ❶.

- Neben allen anderen Medien wird zur Weiterleitung das Symbol bereits im Text angezeigt. Tippen Sie dieses an. Das geht schneller als eine Auswahl über die Bearbeitungsleiste.

- Wählen Sie den Kontakt ❷, die Gruppe oder auch gleich mehrere Kontakte durch Antippen aus und bestätigen Sie mit.

- Der Empfänger erhält die Information, dass die Nachricht weitergeleitet wurde ❸.

 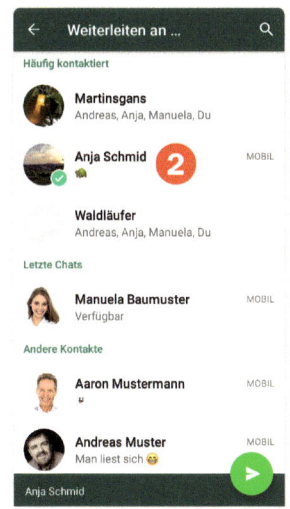 

Nachrichten verwalten

Medien teilen

Fotos, Videos und Musik können nicht nur via WhatsApp sondern auch über andere Wege an Freunde übermittelt werden. Beispielsweise können Sie ein Foto als Anhang zu einer E-Mail versenden.

1. Öffnen Sie den Chat und tippen Sie das zu teilende Element, z. B. ein Foto, etwas länger an. Die Bearbeitungsleiste wird angezeigt. Hier wählen Sie *Teilen* ❶ aus. Sollte diese Option nicht angezeigt werden, dann tippen Sie auf und danach auf *Teilen*.

2. Im unteren Bereich werden alle zur Verfügung stehenden Möglichkeiten angezeigt. Die Liste erstreckt sich meist über mehrere Seiten. Zum Weiterblättern wischen Sie horizontal über das Display und wählen Ihr E-Mail-Programm ❷ durch Antippen aus.

3. Ein Nachrichtenformular wird aufgerufen. Tippen Sie in das Feld *An* ❸ die Empfängeradresse ein, geben Sie einen kurzen Text ein und tippen Sie dann auf *Senden* ❹.

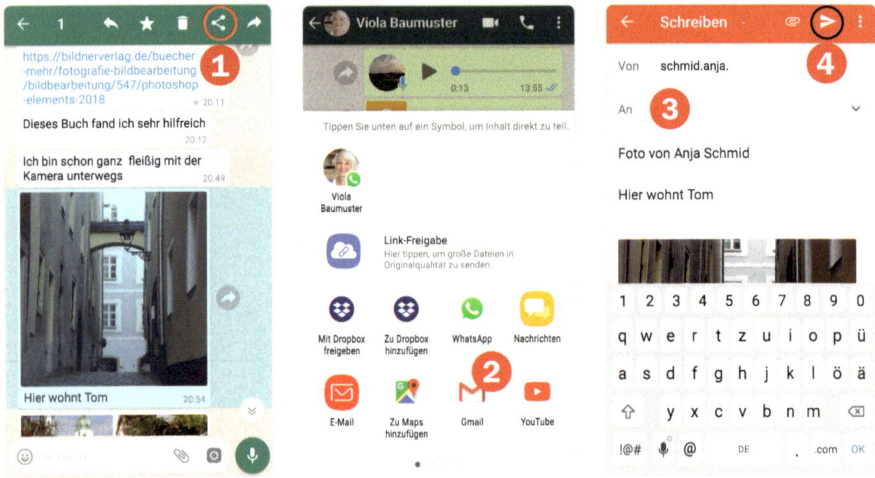

Hier stehen neben der Möglichkeit etwas via E-Mail zu teilen noch eine Vielzahl anderer Optionen zur Verfügung. Was genau ist abhängig von den installierten Anwendungen auf Ihrem Smartphone und den Diensten (Facebook, Instagram), die Sie verwenden.

4.5 Nachrichten löschen

Versehentlich versendete Nachricht löschen

Kurz nicht aufgepasst und schon ist es geschehen. Eine Nachricht wurde versehentlich im falschen Chat eingegeben und versandt. Oder der Inhalt der Nachricht ist falsch. Alles nicht tragisch, weil Sie die Nachricht löschen können. Diese wird dann auch im Chat des Empfängers oder im Gruppenchat gelöscht.

- Zeigen Sie den Chat an und tippen Sie die zu löschende Nachricht etwas länger an ❶. Die Bearbeitungsleiste wird am oberen Rand angezeigt. Tippen Sie hier auf das Papierkorb-Symbol.

- Wählen Sie im nächsten Schritt *FÜR ALLE LÖSCHEN* ❷ aus. Im Chatfenster wird die Meldung *Du hast diese Nachricht gelöscht* ❸ angezeigt. Eine Meldung ähnlichen Inhalts erscheint auch beim Empfänger der Nachricht.

Nachrichten verwalten

- Neben Textnachrichten können Sie auch alle anderen Medien, wie z. B. Standortinformationen, Videos oder Sprachnachrichten löschen. Wird das übersandte Medium auf dem Empfängergerät gespeichert, z. B. ein Foto, sollte das Bild auch vom Speicher des Empfängers gelöscht werden. Das erreichen Sie durch das Häkchen bei *Medien vom Telefon löschen*, welches standardmäßig gesetzt ist.

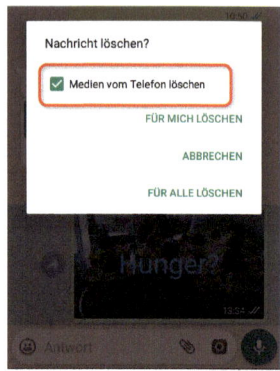

> Diese spezielle Löschoption steht nur eine gewisse Zeit zur Verfügung. Zwei Stunden alte Nachrichten können so nicht mehr für alle gelöscht werden. Wird die Option nicht angeboten, ist es zu spät.
>
> Wenn für die fehlerhafte Nachricht schon eine Lesebestätigung angezeigt wird (zwei blaue Häkchen), wurde die Nachricht vom Empfänger zwar schon gelesen, sie kann aber trotzdem noch gelöscht werden. Das gilt auch für den Gruppenchat.
>
> Damit das Löschen klappt, sollten Sender und Empfänger die aktuelle WhatsApp Version auf dem Smartphone gespeichert haben. Letztendliche Sicherheit, ob die Nachricht wirklich gelöscht wurde, erhalten Sie nicht.

Störende Nachrichten oder Medien löschen

Räumen Sie den Chatverlauf auf oder entfernen Sie Medien, die Sie nicht interessieren und geben Sie damit Speicherplatz frei. Dies gilt für eigene Nachrichten bzw. Medien und für fremde.

- Tippen Sie das Element etwas länger an und wählen Sie in der Bearbeitungsleiste das Papierkorb-Symbol. Tippen Sie dann auf *FÜR MICH LÖSCHEN* aus.

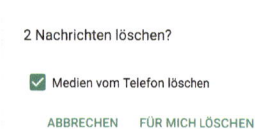

WhatsApp aufräumen und Speicherplatz freigeben

- Möchten Sie gleich mehrere Elemente löschen, markieren Sie einfach weitere durch Antippen und wählen Sie den Papierkorb aus.

- Entscheiden Sie, ob das markierte Foto/Video etc. nicht nur aus dem Chat, sondern gleich vom Smartphone gelöscht werden soll durch Aktivieren von *Medien vom Telefon löschen*. Es werden allerdings nur Fotos, Audiodateien oder Videos gelöscht, die Ihnen zugesandt wurden. Dateien, die Sie selbst versandt haben, werden auch bei aktivierter Option nicht aus dem Speicher des Smartphones entfernt, sondern nur zum Teil aus den WhatsApp spezifischen Ordnern gelöscht.

4.6 WhatsApp aufräumen und Speicherplatz freigeben

Chat archivieren

Es gibt Chats, über die ständig Nachrichten versendet werden und andere, die immer weiter nach unten rutschen und kaum mehr beachtet werden. Am Ende der Chatliste stören sie nicht. Wer gern Ordnung hat, kann diese Chats archivieren. Dadurch verschwinden die Chats aus der Liste, werden aber nicht gelöscht. Wenn Sie eine Nachricht in einem archivierten Chat erhalten, wird dieser automatisch wieder in den Bereich *CHATS* verschoben. Dasselbe geschieht, wenn Sie einen Kontakt auswählen, dessen Chat archiviert wurde.

- **Chat archivieren:** Tippen Sie in der Übersicht etwas länger auf den Chat, den Sie archivieren möchten, und wählen Sie in der Bearbeitungsleiste *Chat archivieren* ❶. Der ausgewählte Chat wird jetzt aus der Übersicht in den Bereich *Archivierte Chats* verschoben.

- **Archivierte Chats anzeigen:** Scrollen Sie im Bereich *CHATS* ganz nach unten und tippen dann auf *Archivierte Chats* ❷. Sie erhalten eine Liste aller archivierten Chats ❸. Den Bereich verlassen Sie wieder durch Anklicken des Pfeils links oben.

Nachrichten verwalten

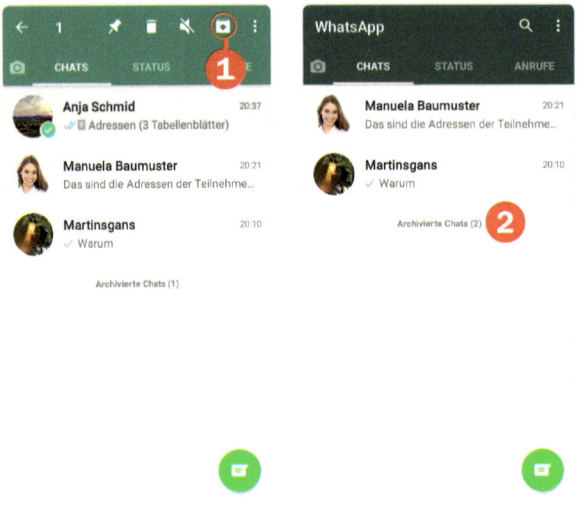

- **Archivierung widerrufen:** Falls Sie einen archivierten Chat wieder im Bereich CHATS anzeigen möchten, wählen Sie den Chat durch längeres Antippen aus und tippen auf die Schaltfläche *Chat archivieren rückgängig machen* ❹.

Chat löschen

Wenn Sie etwas konsequenter aufräumen möchten und nicht an den versendeten Nachrichten hängen, dann löschen Sie alte Chats. Dadurch entfernen Sie alle Nachrichten. Der Kontakt bleibt selbstverständlich in der Kontaktliste erhalten und kann für einen neuen Chat dort ausgewählt werden.

- Zum Löschen eines Chats tippen Sie diesen in der Übersicht etwas länger an. Der Chat wird ausgewählt und die Bearbeitungsleiste angezeigt. Tippen Sie das Löschen-Symbol ❶ an.

WhatsApp aufräumen und Speicherplatz freigeben

- Entscheiden Sie, ob auch Bilder, Audiodateien etc., die Sie in diesem Chat erhalten haben, vom Smartphone entfernt werden sollen. Um diese zu löschen, tippen Sie das Kästchen ❷ vor *Medien vom Telefon löschen an* und bestätigen mit *Löschen*.

- Falls der Chat mit Stern markierte Nachrichten beinhaltet, erhalten Sie einen Hinweis ❸. Sie können den Chat dennoch löschen.

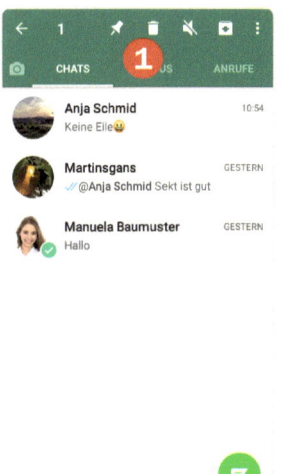  

Auf diese Weise können nur Chats mit Einzelpersonen gelöscht werden. Wie Sie einen Gruppenchat löschen, haben Sie bereits in Kapitel 3 erfahren.

Chat-Verlauf leeren

Mit Chat-Verlauf leeren, zu finden unter Menü ❸ ▶ *Mehr* ▶ *Chat-Verlauf leeren*, löschen Sie ebenfalls die Inhalte des ausgewählten Chats. Allerdings bleibt der Chat selbst, als Eintrag in der Übersicht erhalten.

Nachrichten verwalten

Speicherintensive Chats bzw. Medien löschen

Wenn das Smartphone meldet, dass der Speicherplatz fast voll ist, sollten Sie auch WhatsApp kontrollieren. So stellen Sie fest, welche Chats viel Speicherplatz belegen.

- Wählen Sie Menü ⋮ ▸ *Einstellungen* ▸ *Daten- und Speichernutzung* ▸ *Speichernutzung*. Der Chat, der am meisten Speicherplatz benötigt, steht ganz oben in der Liste.

- Durch Antippen wählen Sie einen Chat ❶ aus. Eine Aufstellung der im Chat enthaltenen Medien mit deren Speicherplatzbelegung wird angezeigt. Im Beispiel unten sehen Sie, dass in diesem Chat die Videos den meisten Speicherplatz belegen.

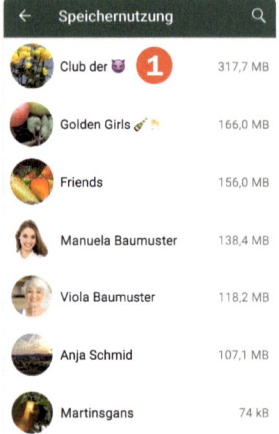

Medien löschen:

- Tippen Sie unten auf NACHRICHTEN VERWALTEN ❷.

- Entfernen Sie nun durch Antippen die Häkchen ❸ hinter den Medien, die Sie gerne behalten möchten. In diesem Beispiel sollen nur die Videos und Audionachrichten (übersandte Musikdateien oder Sprachnachrichten) gelöscht werden.

- Zum Löschen tippen Sie auf NACHRICHTEN LEEREN ❹ und dann im nächsten Fenster auf ALLE NACHRICHTEN LÖSCHEN ❺. Falls Sie Medien, die Sie mit Stern markiert haben, behalten möchten, tippen Sie auf ALLE LEEREN AUSSER MIT STERN MARKIERTE.

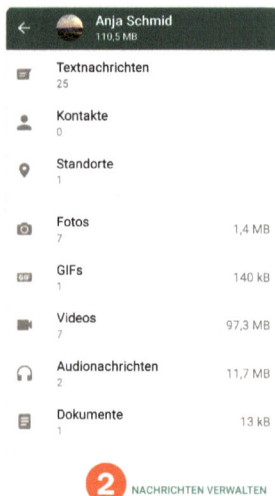

WhatsApp aufräumen und Speicherplatz freigeben

Achtung! Diese Aktion kann nicht rückgängig gemacht werden. Wenn Sie doch nichts löschen möchten, tippen Sie auf *ABBRECHEN* und verlassen den Bereich über den Pfeil links oben.

Die gelöschten Medien werden nicht mehr im Chat angezeigt. Medien, die an Sie gesendet wurden, sind damit auch vom Smartphone gelöscht worden. Medien, die Sie versendet haben, werden ebenfalls nicht mehr im Chat angezeigt, sind aber in den entsprechenden Ordnern auf Ihrem Smartphone noch vorhanden.

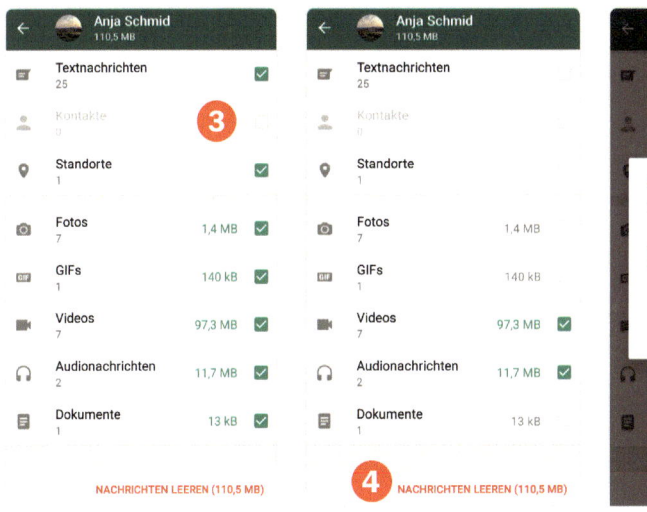 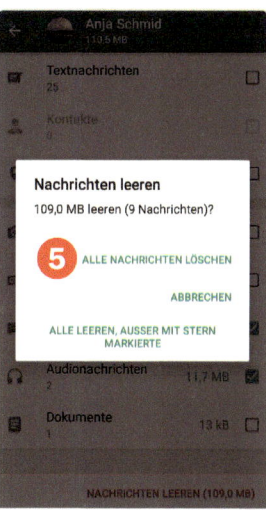

Kehren Sie durch mehrmaliges Antippen des Pfeils links oben zum Hauptfenster zurück.

103

Nachrichten verwalten

4.7 WhatsApp im Browser verwenden

Ihre WhatsApp Chats können Sie auch im Browser Ihres Computers lesen und Nachrichten versenden. Ich persönlich finde das sehr praktisch, da die Texte an einem großen Monitor leichter zu lesen sind und ich auf einer physischen Tastatur einfach schneller tippe.

Damit das funktioniert, müssen Browser und Smartphone gekoppelt werden. Um hier Missverständnisse zu vermeiden: Eine Anzeige im Browser ist ohne ein Smartphone mit eingerichtetem WhatsApp nicht möglich. Die Browseranzeige ist, vereinfacht gesagt, nur ein Abbild der Anzeige auf dem Smartphone. Aus diesem Grund muss Ihr Smartphone eingeschaltet sein und eine Verbindung zum Internet haben. Der Computer benötigt ebenfalls eine aktive Verbindung.

WhatsApp mit Browser verbinden

- Öffnen Sie an Ihrem Computer/ Laptop einen Browser und navigieren Sie zu *https://web.whatsapp.com*. Falls der verwendete Browser nicht unterstützt wird, erhalten Sie Vorschläge für besser geeignete Browser.

- Öffnen Sie WhatsApp auf Ihrem Smartphone und zeigen Sie den Bereich *Chats* an. Öffnen Sie das Menü und wählen Sie *WhatsApp Web*. Tippen Sie auf Ihrem Smartphone auf *OK, verstanden* und scannen Sie den QR-Code auf Ihrem Computerbildschirm. Dazu halten Sie das Smartphone so, dass via Kamera der QR-Code aufgenommen werden kann.

Unter Umständen müssen Sie innerhalb dieses Prozesses den Zugriff auf die Kamera des Smartphones ermöglichen. Dazu erscheint eine Abfrage auf dem Bildschirm, die Sie durch Antippen von *Zulassen* bestätigen.

WhatsApp im Browser verwenden

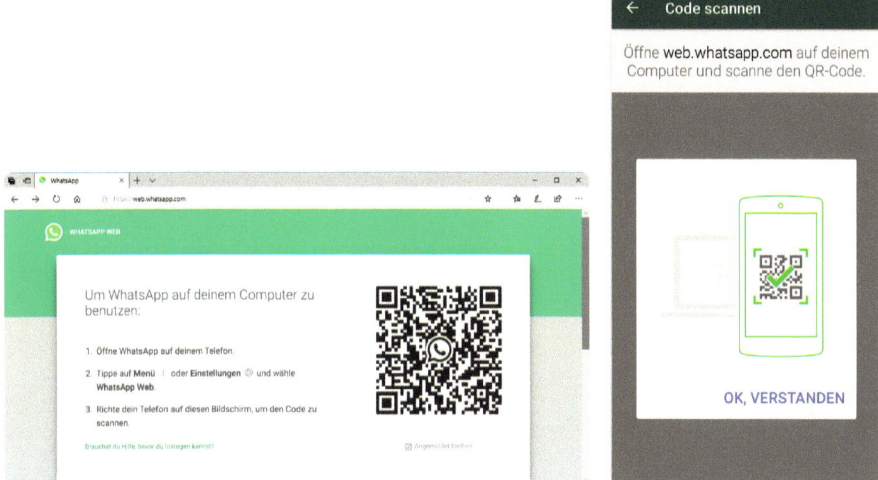

Sobald Smartphone und Browser verbunden wurden, wechselt die Anzeige im Browserfenster am Computer. Die Chat-Daten werden synchronisiert und Ihre Chats werden nun im Browser angezeigt. Ab jetzt werden, wenn Sie die Adresse *https://web.whatsapp.com* im diesem Browser aufrufen, Ihre WhatsApp Inhalte angezeigt, da die Funktion *Angemeldet bleiben* standardmäßig aktiviert ist. Das ist praktisch. Sollte der Rechner allerdings nicht Ihr eigener sein, sollten Sie die Verbindung nach Verarbeitung wieder trennen. Dazu gleich mehr.

Bedienung im Browser

- **Textnachricht verschicken:** Zur Auswahl eines Chats klicken Sie diesen auf der linken Seite an und tippen im unteren Bereich Ihre Nachricht ein ❶. Mit der Enter-Taste versenden Sie die Nachricht. Links vom Nachrichtenfeld finden Sie auch die Schaltfläche zum Einfügen von Emojis.

- **Foto oder Dokument versenden:** Die Datei muss auf dem Computer gespeichert sein. Klicken Sie das Büroklammer-Symbol ❷ rechts oben an und wählen Sie ▣ aus, um ein Foto zu verschicken. Zum Versenden von Dokumenten steht ebenfalls die passende Option ▣ zur Verfügung.

Nachrichten verwalten

- **Sprachnachricht aufnehmen:** Klicken Sie auf das Mikrofon ❸. Um diese Funktion zu verwenden, muss der Computer selbstverständlich über ein Mikrofon verfügen.

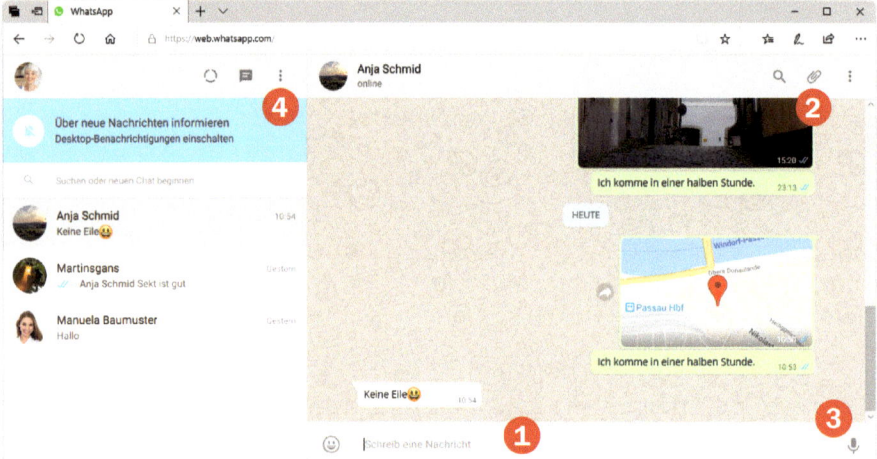

- **Neue Gruppe erstellen:** Klicken Sie auf Menü ❹ auf der linken Seite und wählen *Neue Gruppe* aus.

- Weitere Befehle zum Arbeiten mit Nachrichten und anderen Medien erhalten Sie, indem Sie auf das Foto, die Nachricht etc. mit der Maus zeigen. Rechts oben wird ein Pfeil ❺ eingeblendet, der weitere Optionen durch Anklicken zur Verfügung stellt.

- Wenn Sie eine neue Nachricht erhalten, ertönt ein Signalton. Sind für einen Chat, meist Gruppenchats, gerade viele Nachrichten zu erwarten und Sie fühlen sich durch den Ton gestört, dann können Sie auch im Browser den Chat stumm schalten. Zeigen Sie dazu den betreffenden Chat an, klicken rechts auf Menü und wählen *Stumm* ❻ aus. Im nächsten Schritt entscheiden Sie, wie lange der Chat stumm geschaltet werden soll.

WhatsApp im Browser verwenden

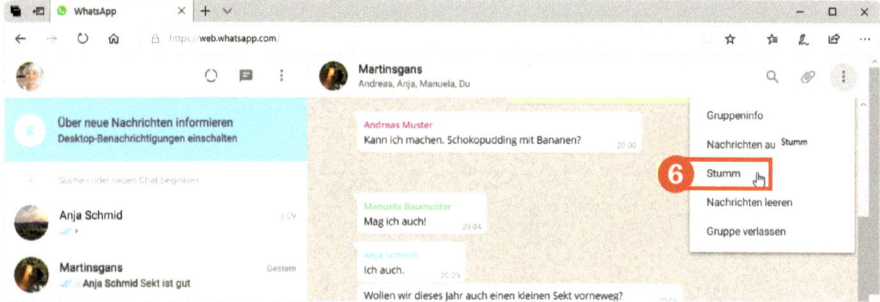

- **Aktive Verbindung zwischen Smartphone und Rechner:** Wenn eines der beiden Geräte kurzzeitig nicht mit dem Internet verbunden ist, erscheint diese Meldung ❼. Bis zur Lösung des Problems erhalten Sie keine Nachrichten und können auch keine versenden. In diesem Feld erhalten Sie auch eine Meldung, wenn der Akkustand Ihres Smartphones niedrig ist.

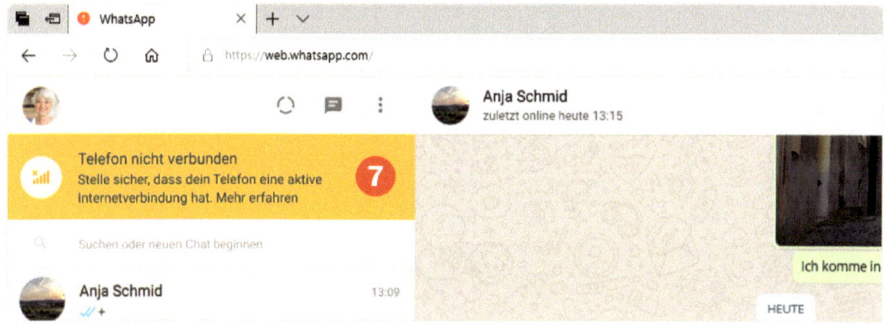

WhatsApp trennen

Um Smartphone und Browser zu trennen, tippen Sie im Browser auf das Menü links und wählen *Abmelden* ❶ aus.

Falls Sie übersehen haben, sich an einem Gerät abzumelden, auf welches Sie momentan keinen Zugriff haben, dann öffnen Sie WhatsApp am Smartphone und wählen Menü ▶ *WhatsApp Web* aus. Hier tippen Sie etwas länger auf den Eintrag ❷ und tippen dann auf *ABMELDEN*. Wenn Sie sich nicht sicher sind, von welchem Gerät Sie sich abmelden möchten, tippen Sie

Nachrichten verwalten

Von allen Computern abmelden an ❸. Sie müssen sich dann bei der nächsten Verwendung des Browser wieder durch Scannen des QR-Codes anmelden.

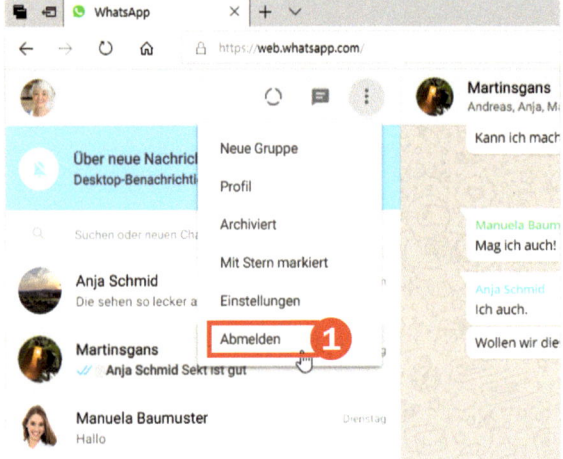
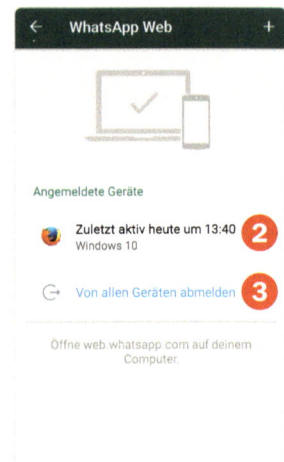

Kapitel 05

WhatsApp anpassen

WhatsApp anpassen

5.1 Persönliche Einstellungen

Profilbild und Name festlegen

Bei der Installation von WhatsApp haben Sie bereits einen Namen für Ihr Profil eingegeben. Die meisten Nutzer verwenden hier ihren Vor- und Nachnamen. Dieser wird dann bei den Empfängern Ihrer Nachrichten in WhatsApp angezeigt. Außer, die Person hat Sie unter einem anderen Namen in der App Kontakte gespeichert. Dann wird dieser angezeigt.

Das Profilbild kann, muss Sie aber nicht zeigen. Viele verwenden hier ein Foto des Haustiers, laden ein Urlaubsbild hoch oder passen das Profilbild der Jahreszeit an. Wenn Sie kein Profilbild hinterlegt haben, wird Ihr Kontakt unter Umständen nur mit einem Platzhalterbild im WhatsApp Ihrer Freunde angezeigt. Falls der Freund ein Foto von Ihnen in der App *Kontakte* hinterlegt hat, wird dieses auch in WhatsApp verwendet, sofern kein Profilbild existiert.

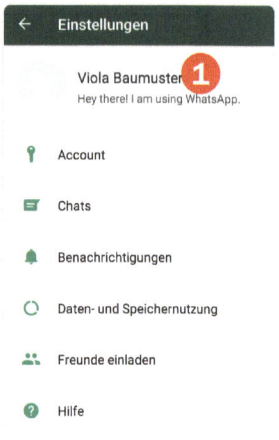

- Profilbild und Name bearbeiten Sie über Menü ▸ *Einstellungen* und antippen des Bereichs *Profil* ❶. Zur Erinnerung: Egal ob Sie sich im Bereich *CHATS*, *STATUS* oder *ANRUFE* befinden, das Menü wird rechts oben angezeigt, enthält allerdings unterschiedliche Optionen; wobei die *Einstellungen* überall gleichermaßen verfügbar sind.

- Tippen Sie auf den Bildplatzhalter ❷ und wählen *Galerie* ❸, wenn das Foto bereits vorhanden ist, oder *Kamera*, wenn Sie jetzt ein Bild knipsen möchten. Nach der Auswahl des Bildes wird ein Rahmen angezeigt, dessen Position und Größe Sie durch Ziehen mit dem Finger verändern können. Zum Verklei-

Persönliche Einstellungen

nern bzw. Vergrößern des Bildes tippen Sie mit dem Finger an den Rand des weißen Rahmens ❹ und ziehen nach innen bzw. außen. Wenn Sie mit dem Ergebnis zufrieden sind, tippen Sie auf *FERTIG*.

- Tippen Sie auf ❺, um einen anderen Namen einzugeben, der Ihren WhatsApp-Kontakten angezeigt wird.

- Verlassen Sie dann den Bereich über den Pfeil links oben.

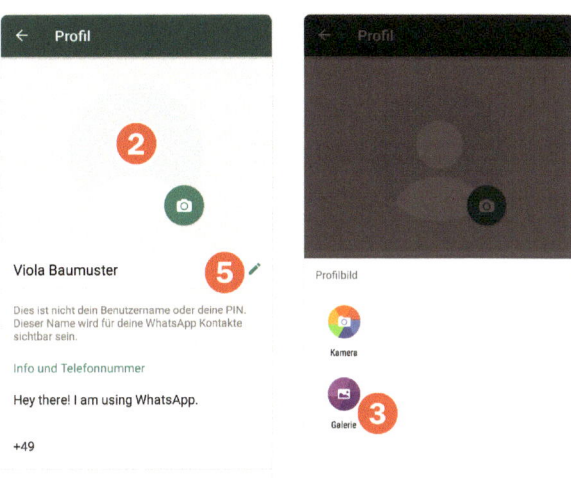

Profilbild nachträglich verändern

Falls Sie Ihr Profilbild austauschen möchten, tippen Sie auf Menü ❿ ▸ *Einstellungen* und dann auf den Profilbereich. Tippen Sie auf Ihr Profilbild, wählen Sie *Bearbeiten* ❻ aus und tippen Sie dann auf *Bild entfernen* ❼, um gar kein Bild anzuzeigen, oder wählen Sie *Galerie*, um ein anderes Bild zu verwenden.

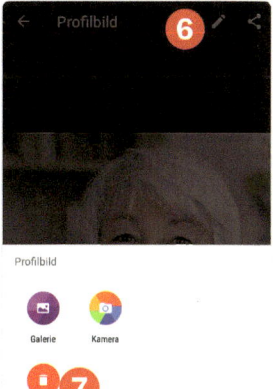

WhatsApp anpassen

Wem wird mein Profilbild angezeigt?

Wer Ihr Profilbild sieht, entscheiden Sie über *Menü* ▶ *Einstellungen* ▶ *Account* ▶ *Datenschutz*. Tippen Sie auf den Eintrag *Profilbild* ❶.

Standardmäßig sieht Ihr Profilbild *Jeder*; also jede Person, die Ihre Telefonnummer hat, kann über WhatsApp Ihr Profilbild betrachten. Ich empfehle die Option *Meine Kontakte* durch Antippen ❷ auszuwählen. Dann sehen alle Personen, die Sie in Ihrem Adressbuch (Kontakte) gespeichert haben, Ihr Bild. Personen, deren Telefonnummer Sie nicht gespeichert haben, wird das Bild nicht angezeigt. Mit dieser Einstellung stellen Sie z. B. auch sicher, dass in einem Gruppenchat nur die Teilnehmer Ihr Bild sehen, mit denen Sie befreundet sind. Fremden wird es nicht angezeigt.

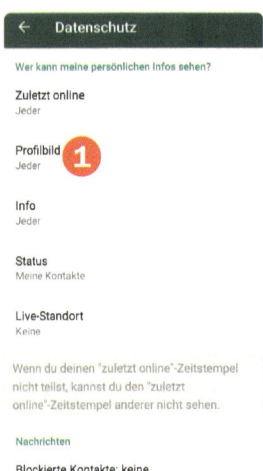
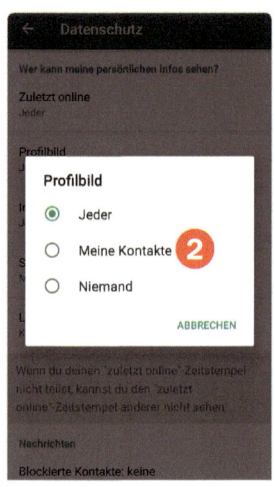
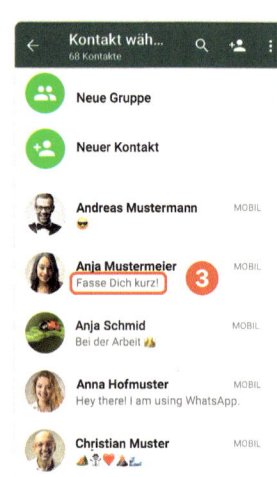

Info zur eigenen Person anzeigen

Info ist ein kurzer Text, optional auch mit Emojis, der zusammen mit Ihrem Namen und dem Profilbild angezeigt wird. Standardmäßig lautet der Infotext *Hey there! I am using WhatsApp.*

Um die Info Ihrer Freunde zu betrachten, rufen Sie beispielsweise die Kontaktliste ❸ auf (siehe Bild oben rechts).

Persönliche Einstellungen

- Um den eigenen Infotext zu bearbeiten, zeigen Sie das *Menü* an und wählen *Einstellungen* aus. Ganz oben, unter dem Namen, sehen Sie den aktuellen Infotext. Zur Änderung tippen Sie auf den Profilbereich ❹. Das Profil wird angezeigt. Tippen Sie jetzt den Infotext ❺ an und entscheiden Sie sich für einen der angebotenen Texte oder tippen Sie auf ✏️, um eigenen Text einzugeben oder ein Emoji auszuwählen.

- Die Info kann jeder sehen. Sie können die Anzeige des Texts auch auf Kontakte beschränken, die Sie im Adressbuch gespeichert haben. Öffnen Sie das Menü, wählen Sie *Einstellungen* ▶ *Account* ▶ *Datenschutz* und tippen Sie *Info* ❻ an. Hier wählen Sie *Meine Kontakte*.

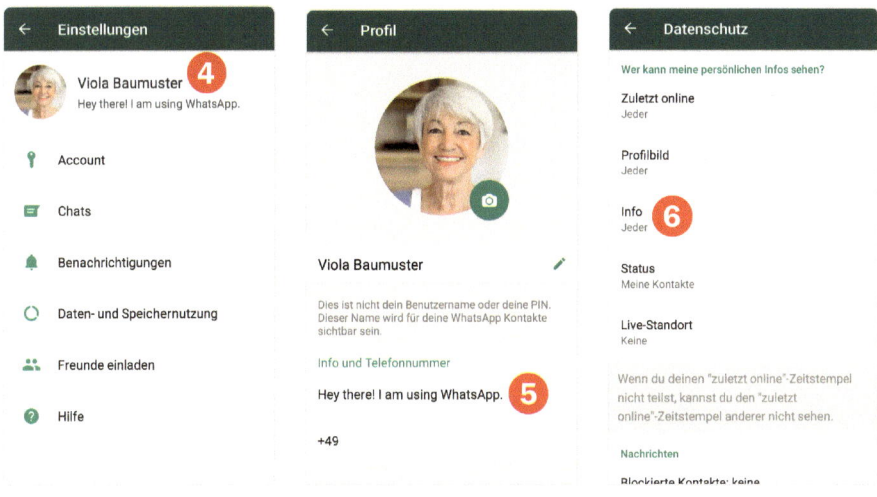

Lesebestätigung und zuletzt online anzeigen

WhatsApp anpassen

Zuletzt online

Den Zuletzt online-Stempel haben Sie bereits auf Seite 82 kennengelernt. Wenn Sie diese Information nicht weitergeben möchten, gehen Sie so vor: Rufen Sie Menü ⋮ ▶ *Einstellungen* ▶ *Account* ▶ *Datenschutz* auf, tippen Sie auf das Feld *Zuletzt online* ❶ und wählen Sie *Niemand* ❷. Bedenken Sie aber, dass in diesem Fall auch die Zuletzt online-Zeiten Ihrer Freunde nicht mehr angezeigt werden. Eine Alternative wäre auch hier *Meine Kontakte*. Dann können nur Ihre Freunde, die im Adressbuch gespeichert sind, sehen, wann Sie online waren.

Lesebestätigungen

Wählen Sie Menü ⋮ ▶ *Einstellungen* ▶ *Account* ▶ *Datenschutz* und entfernen Sie durch Antippen das Häkchen ❸ hinter *Lesebestätigungen*. Jetzt werden keine blauen Häkchen, zur Anzeige, dass die Nachricht gelesen wurde, mehr übermittelt. Allerdings erhalten auch Sie diese Information nicht mehr. Diese Einstellung hat keine Auswirkung auf Gruppenchats. Hier wird immer eine Lesebestätigung gesendet.

> Die Anzeige, dass Sie gerade online sind, wird immer übermittelt und kann nicht verborgen werden.

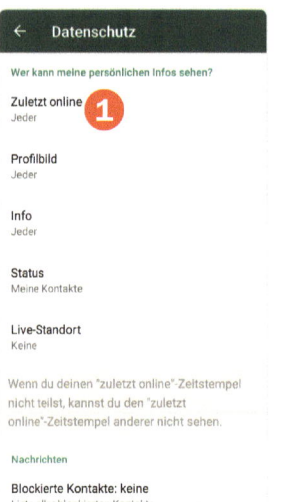
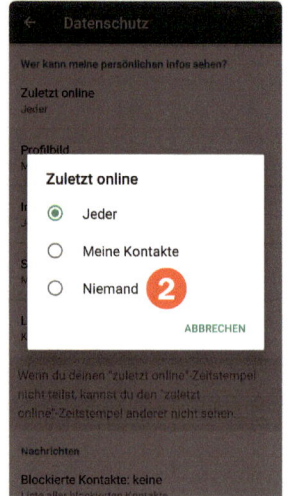
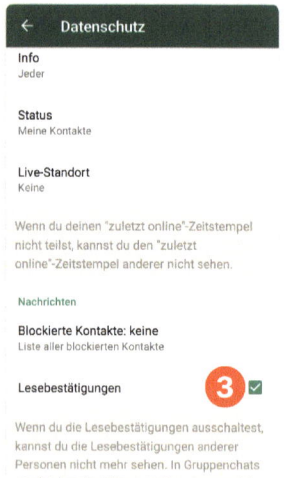

5.2 Benachrichtigungen verwalten

Unter dem Begriff Benachrichtigung ist in Bezug auf WhatsApp alles zusammengefasst, was beim Eingang einer Nachricht ertönt, blinkt oder angezeigt wird. Benachrichtigungen sind manchmal informativ, manchmal nervig. Deshalb ist es wichtig, diese im Griff zu haben.

Pop-up-Benachrichtigungen

Mit Pop-up-Benachrichtigungen öffnet sich auf dem Sperrbildschirm beim Eingang einer Nachricht automatisch ein Fenster mit dem Nachrichtentext. Gleichzeitig erhält man die Möglichkeit, ohne WhatsApp aufzurufen, eine Antwort zu versenden. Beim Lesen einer Pop-up-Benachrichtigung wird die Nachricht beim Absender nicht als gelesen angezeigt. Erst wenn die Nachricht in WhatsApp betrachtet wird, gilt sie als gelesen. Pop-up-Benachrichtigungen sind standardmäßig deaktiviert und müssen gesondert für Einzelnachrichten und Nachrichten im Gruppenchat aktiviert werden.

Pop-up-Benachrichtigung aktivieren

- Über Menü ⋮ ▸ *Einstellungen* ▸ *Benachrichtigungen* legen Sie fest, ob und wann eine Pop-up-Benachrichtigung angezeigt werden soll.

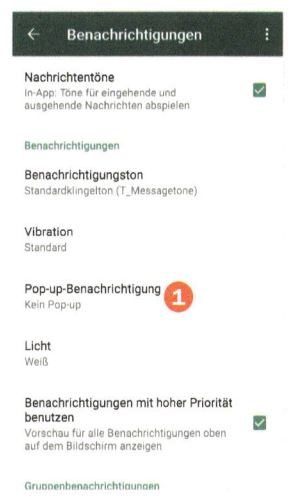

- Entscheiden Sie, ob Sie ein Pop-up für eingehende Nachrichten im Chat bzw. im Gruppenchat anzeigen möchten. Für den Chat tippen Sie *Pop-up-Benachrichtigung* im Abschnitt *Benachrichtigungen* ❶ an, für Gruppenchats wählen Sie *Pop-up-Benachrichtigung* im Abschnitt *Gruppenbenachrichtigungen*. Dazu müssen Sie nach unten scrollen. Streichen Sie dazu vertikal über das Display.

> WhatsApp anpassen

- Wählen Sie einen Modus ❷ aus. Mit *Popup immer anzeigen* erscheint das Fenster immer - auch bei ausgeschaltetem Bildschirm. Auf die Anzeige wird nur verzichtet, wenn Sie zufällig bei Nachrichteneingang gerade WhatsApp geöffnet haben.

    - *Popups immer anzeigen* bzw. *Nur wenn Bildschirm "aus"* belasten natürlich je nach Nachrichtenmenge den Akku.

    - Die Option *Nur wenn Bildschirm "an"* ist vielleicht für diejenigen interessant, die nicht möchten, dass eine andere Person eine Nachricht sieht, während das Smartphone bei einem Treffen mit Freunden auf dem Tisch liegt.

Pop-up-Benachrichtigung verwenden

- Sie können eine erhaltene Nachricht direkt im Pop-up beantworten. Tippen Sie dazu in das Nachrichtenfeld ❶ und versenden Sie die Nachricht mit ▶.

- Durch Antippen von *Anzeigen* ❷ wird WhatsApp geöffnet. Falls Sie zum Entsperren des Sperrbildschirms ein Muster, eine PIN oder ein Kennwort vereinbart haben, muss dieses eingegeben werden. Mit *Schließen* blenden Sie das Pop-up wieder aus.

- Haben sich mehrere Nachrichten angesammelt, so wechseln Sie im Pop-up rechts oben zwischen den einzelnen ❸.

Die Vorteile der Pop-up Benachrichtigung sind die übersichtliche Darstellung der einzelnen Textnachrichten und natürlich die Tatsache, dass diese Nachricht gelesen werden kann, ohne dass der Absender eine Lesebestätigung erhält. Andere Nachrichten, z. B. eine Standortinformation, können

Benachrichtigungen verwalten

im Pop-up Fenster nicht gelesen werden. Dazu müssen Sie WhatsApp öffnen.

Benachrichtigungen individuell vereinbaren

WhatsApp bietet die Möglichkeit den Benachrichtigungston, die Dauer der Vibration und sogar die Farbe der LED-Anzeige beim Eingang von Nachrichten einzustellen. Dabei können Sie z. B. Chats und Gruppenchats unterschiedlich einrichten. Es ist aber auch möglich, für spezielle Kontakte oder Gruppen individuelle Einstellungen zu treffen.

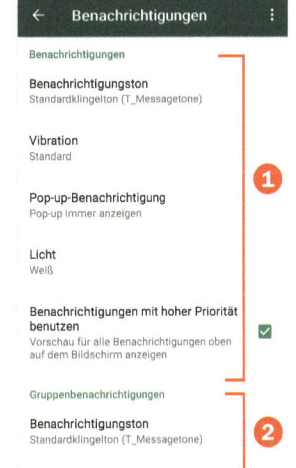

Allgemeine Einstellungen festlegen

Zu den Einstellungen gelangen Sie über Menü ▸ *Einstellungen* ▸ *Benachrichtigungen*. Im Abschnitt *Benachrichtigungen* ❶ treffen Sie eine Auswahl für alle Chats, im Abschnitt *Gruppenbenachrichtigungen* ❷ für alle Gruppenchats und bei *Anrufbenachrichtigun-*

WhatsApp anpassen

gen legen Sie den Klingelton und die Vibration für Anrufe via WhatsApp fest:

Für Chats und Gruppenchats unterschiedliche Benachrichtigungstöne festlegen: Tippen Sie den Eintrag *Benachrichtigungston* im Abschnitt *Benachrichtigungen* an und wählen Sie im nächsten Fenster einen anderen Ton aus. Wiederholen Sie den Vorgang im Abschnitt *Gruppenbenachrichtigungen*.

Vibration beim Eingang von Nachrichten unterbinden: Tippen Sie *Vibration* an und wählen Sie im nächsten Fenster *Aus*. Wiederholen Sie die Aktion für Gruppenchats.

Alle Gruppenchats permanent stumm schalten: Tippen Sie dazu im Bereich *Gruppenbenachrichtigungen* auf *Benachrichtigungston* und wählen Sie im nächsten Fenster *Stumm* aus.

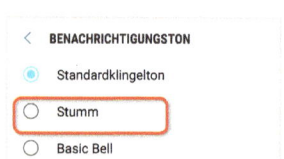

Besondere Chats hervorheben

Neben der Möglichkeit den Benachrichtigungston für alle Chats zu ändern, können Sie auch individuelle Einstellungen für einen besonderen Chat oder Gruppenchat treffen.

- Zeigen Sie den Chat bzw. Gruppenchat an, öffnen Sie das *Menü* und wählen *Kontakt anzeigen* bzw. *Gruppeninfo* aus.

- Hier tippen Sie auf *Eigene Benachrichtigungen*.

- Aktivieren Sie im nächsten Fenster durch Antippen des Kästchens bei *Eigene Einstellungen* die individuellen Optionen für diesen Chat.

- Jetzt können Sie einen individuellen Benachrichtigungston wählen oder eine Pop-up-Benachrichtigung vereinbaren, die nur für diesen Chat angezeigt wird.

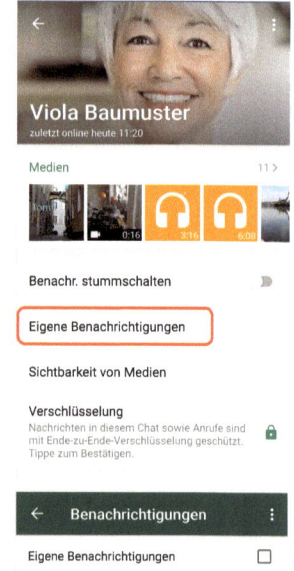

Chats stumm schalten

Diese Funktion ist besonders für Gruppenchats interessant, da diese aufgrund vieler Teilnehmer für einen Benachrichtigungsdauerton sorgen können. Wen das ständige Gebimmel stört, stellt den entsprechenden Gruppenchat einfach auf lautlos:

- Zeigen Sie den Gruppenchat an, öffnen Sie das Menü ⋮ und wählen Sie *Benachr. stummschalten* ❶ aus. Entscheiden Sie dann, wie lange Sie keinen Signalton mehr bei Nachrichteneingang hören möchten ❷ und bestätigen Sie mit *OK*.

- Einen stummgeschalteten Gruppenchat erkennen Sie am durchgestrichenen Lautsprecher-Symbol im Bereich *CHATS*.

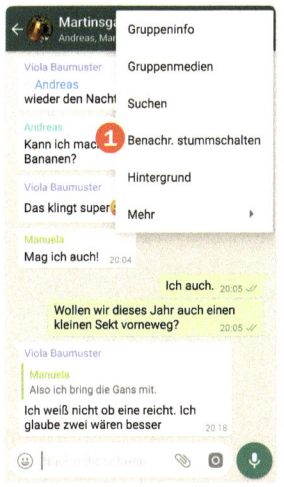 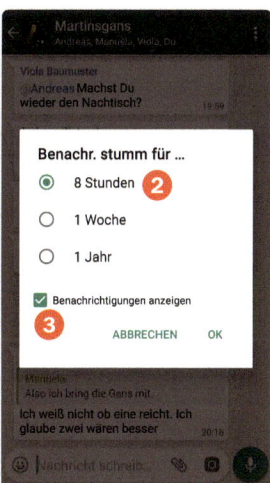 

Benachrichtigungen anzeigen: Entfernen Sie das Häkchen ❸, wenn auch keine Benachrichtigungen auf dem Sperrbildschirm oder in der Benachrichtigungsleiste angezeigt werden sollen. Die Nachricht selbst sehen Sie natürlich nach wie vor im Gruppenchat.

> **WhatsApp anpassen**

Wenn Sie vor Ablauf der festgelegten Zeit wieder Benachrichtigungstöne hören möchten, zeigen Sie den Gruppenchat an und wählen *Menü* ❔ ▶ *Benachr. nicht mehr stumm* ❹.

Gleiches gilt selbstverständlich auch für einen einfachen **Chat** mit einer Person. Auch dieser kann über das Menü stumm geschaltet werden.

> **Tipp:** In einem Gruppenchat können Mitglieder persönlich angesprochen werden (siehe dazu Seite 65). So versendete Textnachrichten werden trotz Stummschaltung mit einem Benachrichtungston angekündigt.

5.3 Kontakte blockieren

Erhalten Sie Nachrichten von Personen, die Sie nicht kennen oder dokumentiert ein Bekannter seinen gesamten Tagesablauf und schickt zu viele Nachrichten und Bilder? Dann können Sie den Kontakt blockieren und es kommt nichts mehr an. Für die Blockierung ist es unerheblich, ob Sie den Kontakt im Adressbuch gespeichert haben oder nicht.

Nachrichten, Bilder, Videos etc., die die Person ab der Blockierung an Sie verschickt, werden nicht mehr übermittelt. Wenn die blockierte Person einen Broadcast mit Ihnen als Empfänger versendet, erhalten Sie diesen ebenfalls nicht. Auch Anrufe erreichen Sie nicht mehr. Einzig und allein in einem Gruppenchat sehen Sie noch Nachrichten der blockierten Person.

Woran erkennt der Kontakt, dass er blockiert wurde?

Der Kontakt erhält keine Meldung, dass er blockiert wurde. Es gibt Indizien, die nahelegen, dass eine Blockierung vorliegt, aber diese sind auch anders erklärbar:

- Im Chat werden die versendeten Nachrichten nur noch mit einem Häkchen angezeigt (*versendet*). Das Zweite für *erhalten* erscheint nicht mehr.

Kontakte blockieren

- Der Zuletzt online-Zeitstempel wird nicht mehr angezeigt.

- Das Profilbild der Person, die Sie wahrscheinlich blockiert hat, wird nicht mehr angezeigt. Sofern Sie ein Bild sehen, ist dieses in Ihrem Adressbuch hinterlegt.

Blockierung einrichten

- Zeigen Sie den Chat mit der Person an, die Sie blockieren möchten. Wählen Sie *Menü* ▶ *Mehr* ❶ ▶ *Blockieren* aus und bestätigen Sie mit BLOCKIEREN.

- Sendet eine Person, die nicht in Ihrem Adressbuch hinterlegt ist, eine Nachricht, so können Sie diesen Kontakt gleich im Chat blockieren ❷.

- Wählen Sie Menü ▶ *Einstellungen* ▶ *Account* ▶ *Datenschutz* und tippen Sie auf *Blockierte Kontakte* ❸, um eine Liste aller blockierten Kontakte anzuzeigen.

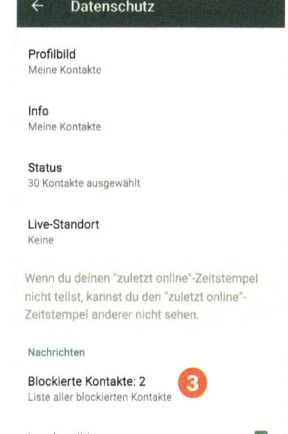

WhatsApp anpassen

Blockierung aufheben

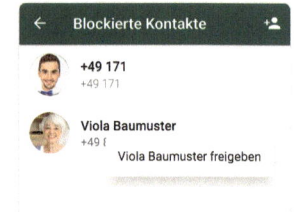

- Öffnen Sie das Menü und wählen Sie *Einstellungen* ▶ *Account* ▶ *Datenschutz* ▶ *Blockierte Kontakte*.

- Tippen Sie etwas länger auf den Kontakt, dessen Blockierung Sie aufheben möchten, und dann nochmals auf *XY freigeben*.

- Wenn alles funktioniert hat, ist der blockierte Kontakt jetzt nicht mehr in der Liste aufgeführt.

Nachrichten, die während der Blockierung übersandt wurden, erhalten Sie auch nach Freigabe des Kontakts nicht mehr.

5.4 Datenvolumen schonen

Wie schon mehrfach erwähnt wird durch die Verwendung von WhatsApp außerhalb eines WLANs das von Ihrem Mobilfunkanbieter zur Verfügung gestellte Datenvolumen verbraucht. In der Regel ist das Versenden von Nachrichten kein Datenvolumenkiller, bei Fotos und Videos kommt es auf die Menge an. Bedenken Sie dabei auch, dass Bilder, die Sie erhalten, heruntergeladen werden müssen und ebenfalls das Datenvolumen schmälern. Das gilt natürlich auch für Videos, Audiodateien oder Sprachnachrichten. Auch Telefonate über WhatsApp lassen das Datenvolumen schrumpfen.

Versuchen Sie, wann immer möglich, Ihr Smartphone mit einem WLAN zu verbinden und große Datenmengen nur bei bestehender WLAN-Verbindung zu versenden. Welche Entscheidungen Sie hier treffen, hängt natürlich auch davon ab, wie viel Datenvolumen Ihr Mobilfunkvertrag beinhaltet.

Datenvolumen schonen

Um einen Eindruck zu erhalten, wie datenintensiv Sie WhatsApp nutzen, rufen Sie das Menü ⋮ auf und wählen *Einstellungen* ▸ *Daten- und Speichernutzung* ▸ *Netzwerk-Nutzung*.

Sie erhalten eine Übersicht Ihrer Nutzungsdaten, z. B. wie viel Datenvolumen verbraucht wurde, um an Sie gesandte Bilder, Videos oder Audiodateien herunterzuladen (*Medien-Bytes empfangen*). Aber Vorsicht, hier sind auch Übertragungen bei bestehender WLAN-Verbindung berücksichtigt. Diese reduzieren natürlich das zur Verfügung stehende Datenvolumen nicht.

WhatsApp Nutzung messen

Über Menü ⋮ ▸ *Einstellungen* ▸ *Datennutzung* ▸ Antippen von *Netzwerk-Nutzung* ▸ *Statistik zurücksetzen* (siehe Grafik oben) am unteren Ende der Liste, setzen Sie alle Werte auf Null, z.B. am Anfang des Monats, wenn Sie auch mit vollem Datenvolumen starten. Oder Sie testen an einem Tag ohne WLAN-Netz stichprobenhaft, wie viel Datenvolumen WhatsApp benötigen würde. Generell sind das natürlich nur Richtwerte.

WhatsApp anpassen

Automatische Downloads von Medien verhindern

Text- und Sprachnachrichten werden in WhatsApp immer automatisch geladen, egal ob Sie via WLAN oder mobil verbunden sind. Standardmäßig werden auch Bilder, die an Sie gesendet werden, automatisch geladen. Das schmälert unterwegs das Datenvolumen.

Ob Sie diese Standardeinstellung verändern, hängt von folgenden Faktoren ab: Wie oft Sie sich mit dem Smartphone außerhalb eines WLANs befinden, ob Sie eine Unmenge an Bildern erhalten und wie groß das Datenvolumen ist, welches Ihr Mobilfunkvertrag zur Verfügung stellt. Wenn Sie schon Mitte des Monats kein Datenvolumen mehr zur Verfügung haben, kann diese Einstellung helfen:

Wählen Sie über das Menü ❸ ▶ *Einstellungen* ▶ *Daten- und Speichernutzung* und tippen auf *Bei mobiler Datenverbindung* ❶. Hier entfernen Sie das Häkchen bei *Fotos* ❷. Wenn Sie unterwegs sind, sehen Sie im Chat zwar, dass Sie ein Bild erhalten haben, es wurde aber noch nicht heruntergeladen. In wichtigen Fällen können Sie das Bild jederzeit durch Antippen herunterladen und anzeigen.

Datenroaming

Wenn Sie roamen, d. h. eine Verbindung im Ausland zu einem fremden Mobilfunknetz aufbauen, sollten Sie keine Medien in WhatsApp herunterladen. Deshalb belassen Sie die Einstellungen im Bereich *Beim Roaming* ❸ (siehe Bild vorherige Seite) so, wie Sie sind - also *Keine Medien*.

Theoretisch würden Text- und Sprachnachrichten jetzt auch im Ausland noch automatisch heruntergeladen werden. Dies wird durch eine Einstellung außerhalb von WhatsApp verhindert:

- Samsung mit Android 7: Zeigen Sie die *Einstellungen* Ihres Smartphones an und wählen Sie *Verbindungen* ▶ *Mobile Netzwerke*.

- Unverändertes Android 8 Smartphone: *Einstellungen* ▶ *Netzwerk & Internet* ▶ *Mobilfunknetz*

In der Regel ist das *Daten-Roaming* nicht aktiv, d. h. wenn Sie sich im Ausland befinden, können Sie nicht mobil ins Internet - also kein Surfen, kein WhatsApp. Davon unberührt bleibt selbstverständlich die Verbindung mit einem ausländischen WLAN-Netz, z. B. im Hotel. Bei bestehender WLAN-Verbindung werden wie gewohnt alle Medien heruntergeladen und in WhatsApp angezeigt. Beachten Sie auch hier, dass nicht jedes WLAN-Netz grundsätzlich kostenfrei genutzt werden kann.

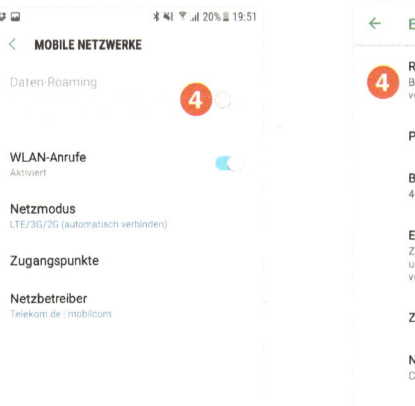

WhatsApp anpassen

5.5 Verschlüsselung

WhatsApp hat 2016 eine Ende-zu-Ende Verschlüsselung eingeführt. Dadurch können die ausgetauschten Nachrichten, Fotos, Videos etc. jetzt nur noch vom Sender und vom Empfänger gelesen werden. WhatsApp Inc. gibt an, dass sie als Firma dadurch ebenfalls keinen Zugriff mehr auf die Chatinhalte der Nutzer hat. Die Ende-zu-Ende Verschlüsselung wird automatisch verwendet, sofern Sender und Empfänger die aktuelle WhatsApp Version installiert haben.

Sie werden auf diesen Umstand innerhalb des Chats durch einen gelb hinterlegten Infotext ❶ hingewiesen. Durch Antippen des Infotexts und Auswahl von *Mehr erfahren* werden Sie automatisch zu einer Seite von WhatsApp weitergeleitet, die umfassende Erläuterungen zur Verschlüsselung und Sicherheitsnummer zur Verfügung stellt.

Wenn ein Freund ein neues Smartphone verwendet und somit WhatsApp neu installiert hat, erzeugt dieser Vorgang einen neuen Infotext ❷.

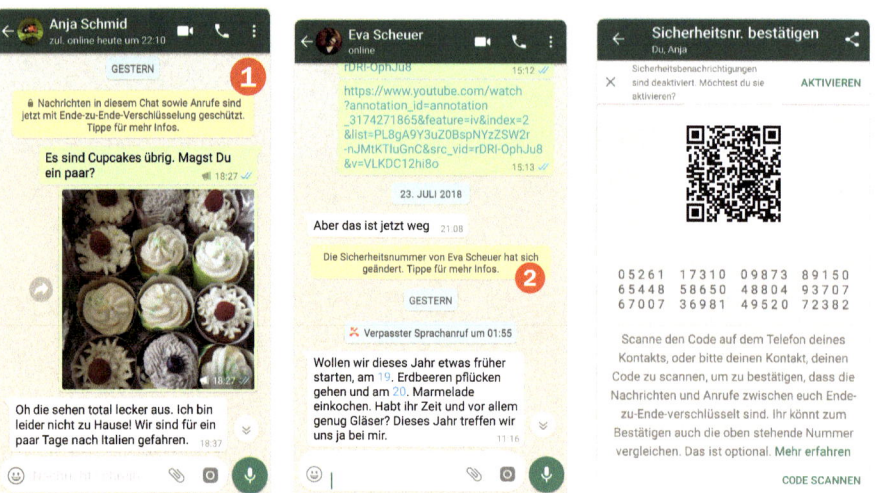

Falls nichts dergleichen geschehen ist, wäre ein angezeigter Infotext ein Hinweis darauf, dass das WhatsApp des Freundes unberechtigt von Dritten genutzt wird. Zur Überprüfung der Ende-zu-Ende Verschlüsselung könnten Sie sich nun mit diesem Freund treffen und die Sicherheitsnummer vergleichen. Dazu zeigen Sie den gemeinsamen Chat an, tippen auf die Gruppeninfo und wählen hier *Verschlüsselung*. Der 60stellige Code muss auf beiden Smartphone derselbe sein.

5.6 Updates installieren

In der Regel werden Updates automatisch installiert. So verwenden Sie WhatsApp immer mit den neuesten Funktionen. Updates können allerdings auch im Play Store angestoßen werden.

- Starten Sie den PlayStore und öffnen Sie das *Menü* durch Anklicken von ≡ links oben. Tippen Sie auf *Meine Apps und Spiele* ❶ (Abbildung auf der nächsten Seite)

- Apps, deren Updates noch nicht vollzogen wurden, werden hier ❷ zuerst angezeigt. Alle Apps, für die kürzlich ein Update durchgeführt wurde, finden Sie weiter unten.

- Tippen Sie auf *Alle Aktualisieren* ❸, um für alle angezeigten Apps ein Update herunterzuladen. Soll nur z. B. WhatsApp aktualisiert werden, dann tippen Sie dort auf *Aktualisieren*.

Achtung! Wenn Sie Apps aktualisieren, sollten Sie mit einem WLAN verbunden sein.

Welche Update-Einstellungen an Ihrem Gerät gelten, finden Sie auch im PlayStore.

- Öffnen Sie das *Menü* durch Anklicken von ≡ links oben und wählen Sie *Einstellungen* aus.

- Im Bereich *Allgemein* bei *Automatische App-Updates* ❹ entscheiden Sie durch Antippen, ob automatisch aktualisiert wird oder nicht. Es ist

WhatsApp anpassen

sinnvoll ein Automatische App-Update nur zuzulassen, wenn Ihr Smartphone mit dem WLAN verbunden ist.

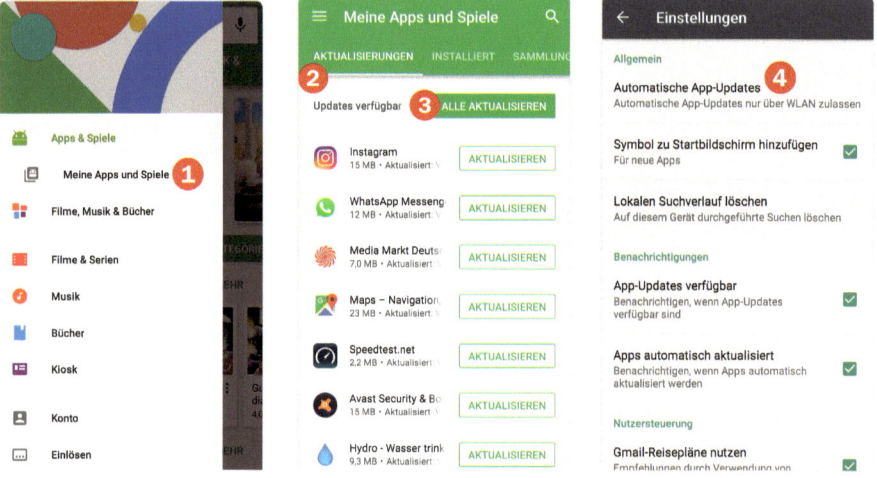

> Auch wenn Sie Automatische App-Updates erlauben, müssen Sie der Installation von Apps, deren Berechtigungsumfang durch das Update erweitert wird, gesondert zustimmen.

WhatsApp Version am Smartphone

Um herauszufinden, welche WhatsApp Version Sie aktuell verwenden, öffnen Sie das *Menü*
▶ *Einstellungen* ▶ *Hilfe* ▶ *App-Info*.

Kapitel 06
Datensicherung & Umzug

Datensicherung & Umzug

6.1 Datensicherung erstellen

Eine Sicherung Ihrer Daten ist durchaus sinnvoll. So erhalten Sie bei Datenverlust oder beim Wechsel des Smartphones Zugriff auf alle Inhalte Ihrer Chats. Aus diesem Grund werden Ihre WhatsApp Daten einmal täglich automatisch auf Ihrem Smartphone gesichert. Zusätzlich können Sie vereinbaren, dass eine Sicherung auf GoogleDrive erstellt wird.

Google Drive zur Datensicherung einrichten

Google Drive ist ein Cloud-Speicher (Online-Speicher), auf den via Internet Daten übertragen werden können. Mit Ihrem Google-Konto, welches Sie für die Einrichtung Ihres Android-Smartphones bereits angelegt haben, steht Ihnen automatisch auch Google Drive zur Verfügung.

Google Drive ist eine praktische Möglichkeit, Ihre WhatsApp-Daten außerhalb Ihres Smartphones zu sichern und bei einem Wechsel der Geräte schnell und einfach zu übertragen. Natürlich speichern Sie Ihre Daten auf einen Server, den Sie letztendlich nicht kontrollieren können. Ein Austausch des Smartphones ohne Google Drive ist allerdings komplizierter.

Zur Einrichtung von Google Drive gehen Sie so vor:

- Öffnen Sie Menü ▸ *Einstellungen* ▸ *Chats* ▸ *Chat-Backup*.
- Tippen Sie den Eintrag *Auf Google Drive* sichern an und wählen Sie aus, wie oft ein Backup erstellt werden soll - *Täglich*, *Wöchentlich* etc. ❶. In diesem Turnus werden Ihre Chats dann auf Google Drive gespeichert.
- Nach Auswahl des Turnus werden Sie automatisch aufgefordert das Konto zu bestimmen, das Ihnen Zugriff auf Google Drive gewährt. Das Benutzerkonto, mit dem Sie bereits an Ihrem Smartphone angemeldet sind, wird Ihnen hier zur Auswahl angeboten ❷. Mit jedem Gmail-Konto steht Ihnen automatisch ein Zugang zu Google Drive zur Verfügung.
- Im nächsten Schritt müssen Sie den Zugriff und die Übertragung von Daten erlauben. Tippen Sie auf *ZULASSEN*.

Datensicherung erstellen

- Stellen Sie außerdem sicher, dass ein Backup nur erstellt wird, wenn Ihr Smartphone mit einem WLAN verbunden ist. Das ist die Standardeinstellung. Im Bereich *Sichern über* sollte *Nur WLAN* eingestellt sein. Sonst tippen Sie auf diesen Bereich und wählen die Option aus.

- Sie können auch Videos sichern, die über WhatsApp versandt wurden. Dazu tippen Sie das Kästchen hinter *Inklusive Videos* an. Mit der Sicherung von Videos erhöhen Sie den Speicherbedarf für das Backup und die Sicherungsdauer. Google stellt Ihnen kostenlos einen Speicherplatz von 15 GB für Google Drive, Gmail und Google Fotos zur Verfügung. Ab Mitte November 2018 schmälert die WhatsApp Sicherung nicht mehr diesen Speicherplatz. Sie wird nicht mehr angerechnet. Damit entfallen Probleme, dass das WhatsApp Backup den gesamten Speicherplatz aufbraucht.

- Bestätigen Sie Ihre Einstellungen dann mit *Fertig*. Sie können die hinterlegten Einstellungen jederzeit ändern.

  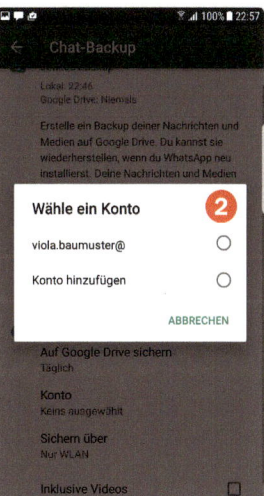

Datensicherung & Umzug

Backup erstellen

Kurz vor dem Umzug auf ein neues Smartphone sollten Sie eine Sicherung vornehmen, so dass alle WhatsApp-Daten auf Google Drive gesichert sind.

- Öffnen Sie das Menü 🫠 und wählen Sie *Einstellungen* ▶ *Chats* ▶ *Chat-Backup*. Hier tippen Sie auf *Sichern*.

- Achten Sie darauf, dass auch bei *Inklusive Video* ein Häkchen gesetzt ist. So stellen Sie sicher, dass auch diese gesichert werden.

- Sie sehen oben bei *Letztes Backup* die aktuelle Uhrzeit sowohl für *Lokal* als auch für *Google Drive*.

Bei einem Datenverlust oder wenn WhatsApp nicht mehr funktioniert, können Sie WhatsApp löschen und erneut installieren. WhatsApp erkennt dann, sofern vorhanden, dass auf Google Drive ein Backup existiert und bietet Ihnen an, dieses wiederherzustellen. Problematisch ist hierbei, dass die Nachrichten, die seit der letzten Sicherung eingegangen sind, dadurch gelöscht werden. So kann es sein, dass Sie zwar alte Daten dadurch wieder erhalten, aber neue verlieren.

6.2 WhatsApp auf einem neuen Smartphone verwenden

Sie haben ein neues Smartphone gekauft und WhatsApp auf Ihrem alten Smartphone schon verwendet. Jetzt möchten Sie sicherlich Bilder, Videos und auch Ihre Nachrichten auf das neue Gerät übertragen. Wie das geht, wird hier gezeigt. Voraussetzungen für die folgenden Vorgehensweisen sind:

WhatsApp auf einem neuen Smartphone verwenden

- Das alte und das neue Smartphone verwenden ein Android-Betriebssystem.
- Das Google-Benutzerkonto, mit dem Sie sich an Ihrem alten Smartphone angemeldet haben und mit dem Sie sich an Ihrem neuen Smartphone anmelden werden, ist dasselbe.
- Sie behalten Ihre Telefonnummer. Im letzten Abschnitt erfahren Sie, wie Sie vorgehen, wenn Sie Ihre Telefonnummer ändern.

Hier wird nur beschrieben, wie Sie WhatsApp Inhalte vom alten auf das neue Smartphone umziehen. In der Regel werden Sie auch weitere Daten, wie z.B. Fotos, die Sie mit der Kamera geknipst haben, heruntergeladene Musik oder die Kontakte Ihres Adressbuchs auf das neue Smartphone übertragen.

WhatsApp Inhalte via Google Drive übertragen

- Für den Umzug Ihrer WhatsApp Daten von einem alten zu einem neuen Android Smartphone erstellen Sie ein Backup Ihrer aktuellen WhatsApp-Daten auf Google Drive, wie auf Seite 132 beschrieben.

> Löschen Sie die Daten von Ihrem alten Smartphone erst, wenn Sie sicher sind, dass das neue Gerät alle notwendigen Inhalte enthält. Falls Videos oder Fotos fehlen, können Sie diese auch nachträglich manuell übertragen.

- Schalten Sie Ihr altes Smartphone aus. Entnehmen Sie die SIM-Karte und legen Sie diese in Ihr neues Smartphone ein. Schalten Sie das Gerät an und geben Sie die PIN für die SIM-Karte ein. Melden Sie sich an Ihrem neuen Smartphone mit demselben Google-Benutzerkonto an, welches Sie auch zur Sicherung der Daten auf Google Drive mit Ihrem alten Gerät verwendet haben.

- Installieren Sie WhatsApp (siehe Kapitel 1) und öffnen Sie die App. Stimmen Sie den allgemeinen Geschäftsbedingung zu und erlauben Sie dass WhatsApp auf verschiedene Bereiche Ihres Smartphones zugreift.

Datensicherung & Umzug

- Tragen Sie Ihre aktuelle Telefonnummer ein ❶ und warten Sie auf die SMS-Verifizierung. Sie müssen den Zugriff auf SMS erlauben.

- WhatsApp erkennt, dass ein Backup auf Google-Drive existiert. Klicken Sie auf *Wiederherstellen* ❷, um alte Nachrichten und andere Medien wieder in WhatsApp anzuzeigen. Nach Fertigstellung tippen Sie auf *Weiter* ❸.

- Ihre Profilinfos wurden übernommen. Bestätigen Sie diese mit *Weiter*.

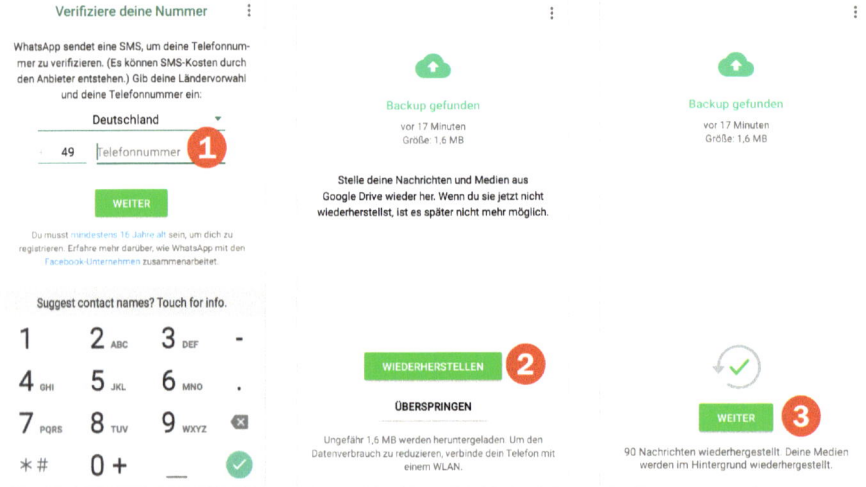

Im Chat Ihrer Freunde wird nun angezeigt, dass sich Ihre Sicherheitsnummer (siehe Seite 126) geändert hat.

Eine neue Telefonnummer verwenden

Sie haben Ihren Anbieter gewechselt und jetzt eine neue Mobilnummer? In diesem Beispiel erfahren Sie, was bei einem Nummerntausch zu tun ist. Wir gehen zunächst davon aus, dass das Smartphone nicht ausgetauscht wird. Wie Sie vorgehen, wenn Sie auch ein neues Smartphone haben, erfahren Sie gleich auf der nächsten Seite.

WhatsApp auf einem neuen Smartphone verwenden

- Schalten Sie Ihr Smartphone aus und legen Sie die neue SIM-Karte ein. Schalten Sie das Gerät wieder ein. Da Sie das Smartphone nicht getauscht haben, ist keine Einrichtung nötig. Sie müssen in der Regel den PIN der neuen SIM-Karte eingeben. Diesen haben Sie zusammen mit der Karte erhalten.

- Öffnen Sie WhatsApp und wählen Sie Menü ▸ *Einstellungen* ▸ *Account* ▸ *Nummer ändern* ❶. Sie erhalten eine Informationsseite. Tippen Sie rechts oben auf *WEITER*.

- Tippen Sie auf das Feld *alte Telefonnummer* ❷ und geben Sie die alte Nummer ein. Wiederholen Sie das für das Feld *neue Telefonnummer*. Tippen Sie dann auf *WEITER*.

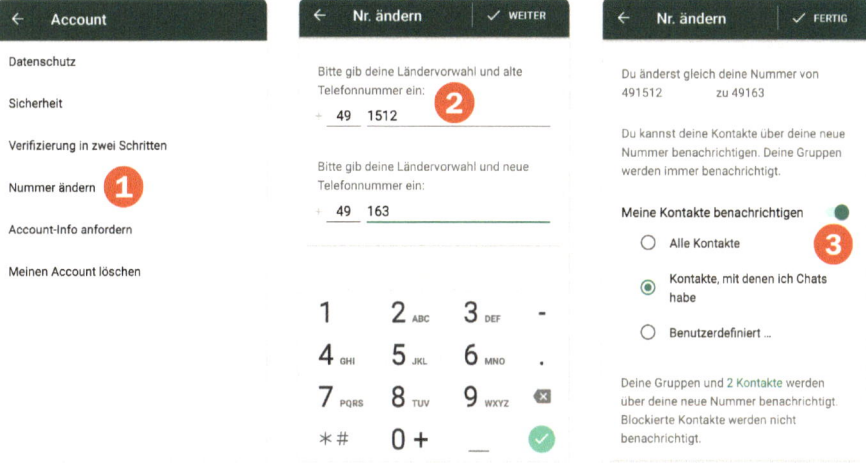

- Entscheiden Sie, ob Sie Ihre Kontakte über den Nummernwechsel informieren möchten, wenn ja ziehen Sie den Regler nach rechts ❸ und entscheiden, ob alle Kontakte oder nur die mit denen Sie Chats haben, benachrichtigt werden sollen. Bei *Benutzerdefiniert* können Sie auswählen, wer benachrichtigt werden soll. Klicken Sie dann auf *FERTIG*.

- Daraufhin erfolgt die automatische SMS-Verifizierung. Nach kurzer Zeit erhalten Sie eine Meldung über die erfolgreiche Änderung Ihrer Nummer.

Datensicherung & Umzug

Im WhatsApp Ihrer Freunde wird der Chat mit Ihrer alten Telefonnummer noch angezeigt ❶. Ihre Freunde können auch noch Nachrichten in diesem Chat eingeben, aber die Nachrichten werden nicht mehr zugestellt. Wenn der Freund Ihre Nummer noch nicht in seinem Adressbuch aktualisiert hat, dann wird jede Nachricht, die Sie an ihn senden, nicht mit Ihrem Namen sondern mit Ihrer Telefonnummer angezeigt ❷.

Teilnehmer von Gruppenchats werden automatisch über die Nummeränderung informiert. Falls bei der Nummernänderung so ausgewählt, wird diese Information auch im Einzelchat angezeigt. ❸.

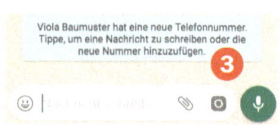

Tipp: Zum schnellen Aktualisieren der Nummer tippen Sie auf das blaue Informationsfeld und wählen *Zu bestehendem Kontakten hinzufügen*. Im nächsten Schritt wählen Sie in der App *Kontakte* die Person aus, deren Nummer Sie ersetzen möchten. Geben Sie die neue Nummer ein und Löschen Sie die alte. Speichern Sie den Kontakt ab.

Vorgehensweise zum Austausch der Telefonnummer und des Smartphones

1. Nehmen Sie zunächst den SIM-Karten- und Nummerntausch auf Ihrem **alten** Smartphone vor, wie auf Seite 134 beschrieben.
2. Sichern Sie Ihre Daten auf Google Drive (siehe Seite 132 oben).
3. Entfernen Sie dann die neue SIM-Karte aus dem alten Smartphone und legen Sie diese in das neue Gerät ein.
4. Installieren Sie WhatsApp und stellen Sie Ihr Backup wieder her, wie ab Seite 133 erläutert.

Emoji Bibliothek

Emoji	Interpretationen
😀 😃 😄 😁 😆	Glückliches Lachen: Das finde ich witzig. Ich freue mich.
😅	Das war knapp. Gerade nochmal gut gegangen (freudig).
😂 🤣	Ich kriege mich nicht mehr ein vor lachen! Ich wälze mich auf dem Boden vor Lachen (zweites Emoji).
😊 ☺️	Du machst mich verlegen. Danke für das Kompliment. Schüchternes Lächeln.
😇	Ich bin absolut unschuldig!
🙂	Emoji mit einem Lächeln. Es kann aber auch bedeuten, dass die Bemerkung sarkastisch gemeint war.
🙃	Ich albere nur herum.
😉	Das war nur Spaß. Steht bei zweideutigen oder ironischen Bemerkungen. Wird auch verwendet, um zu flirten.
😌	Das ist ja gerade nochmal gut gegangen!
😍 😘	Ich bin verliebt. Es kann aber auch freundschaftliche Zuneigung damit ausgedrückt werden oder Begeisterung für eine Sache, einen Ort etc.
😗 😙 😚	Du bist ein wahrer Freund! / Ich mag dich! Küssendes Gesicht als Symbol der Zuneigung oder des Dankes. Kann auch als pfeifendes Gesicht verwendet werden: Ich war das nicht und pfeife ganz unschuldig!
😋	Das war lecker!

Anhang

Emoji	Interpretationen
😛 😝 😜	Ich mache nur Spaß. Das meine ich nicht ernst. Zeigt auch Schadenfreude.
😃	Irrsinnig komisch, wobei hier auch mitschwingen kann das jemand verwirrt oder verrückt ist.
🤨 🧐	Das ist seltsam. Da bin ich skeptisch. Das Emoji drückt Argwohn oder Misstrauen aus.
🤓	Du bist ein Besserwisser.
😎	Mir gehört die Welt. Steht aber auch für: Ich bin im Urlaub.
🤩	Ich freue mich auf dich. Ich freue mich auf etwas.
😏	Ich will nicht angeben, aber ...
😒	Ich bin genervt oder unzufrieden.
😔 😞	Das finde ich schade. Das ist traurig. Ich bin enttäuscht. Ich bedauere das.
😟	Ich bin sehr besorgt.
🙁	Das Geschriebene verwirrt mich. Ich bin verwirrt und unzufrieden, aber nicht traurig. Ich weiß nicht so recht, was ich darüber denken soll.
☹️ 😦	Das macht mich traurig / Ich bin traurig.
😖 😣	Wie konnte das nur passieren?

Emoji Bibliothek

Emoji	Interpretationen
😫	Ich bin müde und kaputt!
😩	Ich habe keine Lust mehr!
😭 😢	Ich weine vor Traurigkeit und bin aufgelöst!
😤	Das macht mich wütend! Kann aber auch ein verächtliches Schnauben demonstrieren.
🤬 😡 😠	Ich bin zornig und ärgere mich!
😨	Was für eine Überraschung - ich bin entsetzt!
🤯	Schwer zu erkennen, aber das ist ein Kopf der explodiert. Steht für eine erstaunliche oder schockierende Nachricht.
😟 😰 😅	Ich mache mir große Sorgen. Es war stressig, aber jetzt bin ich erleichtert!
🤗	Ich könnte dich und die ganze Welt umarmen!
🤔	Lass mich überlegen!
🤭	Das macht mich sprachlos. Hinter vorgehaltener Hand lachen.
🤐 🤫	Das ist ein Geheimnis.
🤥	Pinocchio-Nase: Das glaube ich nicht, das ist nicht besonders wahrscheinlich. Ich hab Dich angeschwindelt.

Anhang

Emoji	Interpretationen
🙂	Dazu kann ich nichts sagen. Kein Kommentar.
😑 😐	Dazu bin ich neutral eingestellt. Kein Kommentar.
😬	Ich war es nicht. Ich bin nervös.
🙄	Das Emoji rollt mit den Augen: Das nervt mich. Ich will mich nicht weiter damit beschäftigen.
😮 😧 😦 😯	Ich bin schockiert
😲	Überraschtes Gesicht
😴	Ich gehe schlafen. Gute Nacht!
🤤	Mein Verlangen ist riesig.
😢	Ich bin müde.
🤢	Mir ist schwindelig. Ich bin betrunken.
🤕 🤧 🤮 🤢	Ich fühle mich gar nicht wohl. Ich bin krank.
😷	Ich bin krank und möchte niemanden anstecken. Ich möchte mich nicht anstecken und schütze mich.
🤑	Ich habe Geld gewonnen. Ich hoffe, ich gewinne.
🤠	Lust auf Natur/Freiheit?

Emoji Bibliothek

Emoji	Interpretationen
👻	Verspielter Geist. Das ist aber gruselig! Aufgrund der Zunge kann der Geist als Alternative zu 😛 (Ich mache nur Spaß!) verwendet werden.
💩	Das ist ein Kothaufen. "Oh, das ist aber echt 💩 gelaufen." "Mir geht es heute echt 💩".
😾 😹 😻 😺	Emojis in Katzenform
🙌	Ich bin in Feierlaune und strecke die Hände noch oben zum Tanzen.
👍 👌	Okay. Das finde ich gut. Das machen wir so.
👎	Das gefällt mir nicht.
🤟	Ich liebe Dich. Zeichen aus der Gebärdensprache
🤘	Pommesgabel: Geste auf Metal-Konzerten, um Begeisterung für die Musik zu demonstrieren
👋	Hallo! Tschüss! / Auf Wiedersehen!
🙏	Flehende Bitte oder ein Danke. Gib mir ein "High-Five". Hände zum Beten gefaltet.
☝️	Nimm dich in Acht!
🤞	Viel Glück! Ich verspreche es. / Ich schwöre es.
🤦‍♂️ 🤦‍♀️	Oje, wie kann man nur? / Das darf nicht wahr sein!

Anhang

Emoji	Interpretationen
🤷‍♀️ 🤷‍♂️	Das weiß ich nicht! / Das interessiert mich nicht!
💃	Lass uns tanzen gehen!
👩‍❤️‍👨	Wir lieben uns! / Wir sind jetzt ein Paar!
👑	Du bist großartig! / Das ist herrlich!
🐵	Du machst dich zum Affen!
🙈 🙊 🙉	Nichts sehen | Nichts sagen | Nichts hören
🐽 🐷	Viel Glück! / Da hast du aber Schwein gehabt.
☀️	Lass uns das schöne Wetter genießen!
☔ 🌧️	Vergiss den Regenschirm nicht!
⛄ ❄️	Willst du einen Schneemann bauen? Es ist bitterkalt.
🍝 🍕	Hast du Hunger?
🎂	Alles Gute zum Geburtstag!
🎉	Konfetti oder Wundertüte: Lass uns feiern!

Stichwortverzeichnis

A
Administr., Gruppenchat 66, 69
Anrufe 17
Anruf-Information 58
App Kontakte 17
Archivierung 99
Audio-Datei abspielen 46
Automatische Texterkennung 29

B
Backup 132
Benachrichtigungston 118
Bereichsname 17
bewegtes Bild 34
Bildschirmtastatur 26
Broadcast 72
   benennen 75
   löschen 74
   Person entfernen 75
   Person hinzufügen 75
   versendete Medien 75
Browser 104

C
Chat
   Archivierung 99
   beginnen 17
   Löschen 99
   stummschalten 120
Chats 17
Chat-Verlauf leeren 101

D
Datenvolumen 122
Dokumente versenden 43
Downloadzahl 14

E
Einrichten 14
Emoji 32

F
Falsche Nummer 16
Foto versenden 37
Freunde anrufen 54

G
GIF 34
Google Konto 13
GPS 50
Großschreibung 27
Gruppenadministrator 69
Gruppenchat
   erstellen 60
   Gruppe löschen 71
   Gruppe verlassen 70
   weiteres Mitglied 69
Gruppeninfo 62

H
Häkchen 82

I
Info 112
Installation 12

K
Kamerabreich 17
Kontakt
   hinzufügen 18
Kontaktdaten versenden 48
Kontakte 17
Kontaktliste 18

Stichwortverzeichnis

L

Lesebestätigung 83, 113
Löschen
  Chat *100*
  Elemente des Chats *98*
  versendete Nachricht *97*

M

Medien versenden 37
Mit Stern markierte 93

N

Nachrichteninfo 84
Nachricht (versendet) löschen 97
Nummer verifizieren 15
Nutzungsbedingungen 14

O

Oberfläche 17

P

Play Store 12
Pop-up-Benachrichtigung
  aktivieren *115*
  verwenden *116*
Profilbild 110
  entfernen *111*
  festlegen *110*

S

Sicherheitsnummer 126
SIM-Karte 12
Speichernutzung 102
Spracheingabe 35
Status 17, 20
Stern 92
Stummschalten 119

Suchen

  im Bereich *88*
  im Chat *87*

T

Telefonnummer 12
Telefonnummer ändern 134
Texterkennung 28

U

Uhrensymbol 82
Update 127
Update-Einstellungen 127

V

Verschlüsselung 126
Versendete Nachricht löschen 97
Version 128
Vibration 118
Videoanruf
  mehrere Personen *56*
Video versenden 37

W

WhatsApp Call 54
WhatsApp Inc 14
WhatsApp Menü 20
WhatsApp Messenger 14
WhatsApp Web 104

Z

Zugriff
  Kamera *17*
Zugriff gestatten 14
zuletzt online-Zeitstempel ... 82, 113